죽을 때까지 나를 다스린다는 것

MARCUS AURELIUS "JISEIROKU" WO YOMU
Copyright © 2022 Ichiro Kishimi
Original Japanese edition published by SHODENSHA Publishing Co., Ltd. Tokyo
All rights reserved.
Korean Translation Copyright © 2024 by Wisdom House, Inc.
Korean translation rights arranged with SHODENSHA Publishing Co., Ltd. Tokyo
through The English Agency (Japan) Ltd. and Danny Hong Agency.

이 책의 한국어판 저작권은 대니홍 에이전시를 통한
저작권사와의 독점 계약으로 ㈜위즈덤하우스에 있습니다.
저작권법에 의해 한국 내에서 보호를 받는 저작물이므로 무단전재와 복제를 금합니다.

죽을 때까지 나를 다스린다는 것

인생이라는 파도에
휩쓸리지 않는,
명상록 읽기

기시미 이치로 지음 | 김지윤 옮김

위즈덤하우스

들어가며

지금으로부터 약 2천 년 전 로마 황제 마르쿠스 아우렐리우스가 쓴 《명상록》을 읽으며 오랜 기간 써온 노트가 있습니다. 다시 읽어보니 제가 상상 이상으로 아우렐리우스에게 큰 영향을 받았더군요. 이 책은 그 노트를 바탕으로 썼습니다.

《명상록》을 처음 읽은 것은 꽤 오래전 일로 어머니가 갑자기 뇌경색으로 쓰러져 입원하시게 되었던 때의 일입니다. 학생이었던 저는 어머니를 간병하느라 대학원 강의와 세미나에 출석하지 못하게 되었습니다. 그리스 철학을 전공했던 저는 연구실 동료들에게 뒤처지지 않으려고 플라톤의 저서를 들고 다녔는데, 그럴 때가 아니면 못 읽을 것 같아서 《명상록》도 같이 챙겨 갔습니다. 강의를 들을 때는 그리스 철학과 관련된 책밖에 읽을 시간이 없었기 때문에 어머니 간병을 하는 동안에라도 평소에 읽지 못하는 책을 읽어보자고 결심했던 것이지요.

그게 왜 하필 《명상록》이었는지는 잘 모르겠지만, 이전부터 저서를 읽고 좋아하던 정신과 의사 가미야 미에코(神谷美惠子) 씨가 그리스어를 배우고서 일과 가사를 하는 틈틈이 아우렐리우스가 그리스어로 쓴 《명상록》을 번역하고 있다는 이야기를 떠올렸기 때문인지도 모릅니다.

《명상록》이 탄생한 배경 등은 1장에서 살펴보겠지만, 아우렐리우스가 그때그때의 사색을 담은 메모인 이 책은 잘 정리된 철학서가 아니기에 결코 읽기 수월하지는 않습니다. 넓게 구분하자면 이 책은 인생론입니다.

오늘날 인생론은 철학이라고 말할 수준이 아니라는 평가를 받기도 하지만, 저는 인생론이야말로 철학의 근간이라고 생각합니다. 인생이란 무엇인가, 인간에게 행복이란 무엇인가 등의 물음은 고대 그리스 이래 철학의 중심 주제였습니다. 아우렐리우스에게도 그랬습니다.

어머니가 입원하셨을 무렵, 저는 간사이 의과대학의 모리 신이치(森進一) 선생님의 자택에서 열리던 플라톤 독서회에 가입되어 있었는데, 어머니를 돌보느라 좀처럼 참가하지 못했지요. 저는 선생님께 한동안 독서회에 갈 수 없다는 말씀을 드리려고 전화를 걸었습니다. 그때 선생님께서 저에게 '이럴 때일수록 철학이 도움이 됩니다'라고 말씀하셨는데, 당시에는 철학은 사는 데 도움이 되지 않는다고 말하는 사람이 많은 세상인지라 그 말이 무척 강한 인상으로 남았습니다.

죽음의 문턱에 선 어머니를 보며 어머니처럼 '몸을 움직이지 못하고, 의식까지 잃었을 때에도 인간에게 삶은 의미가 있는지, 인간에게 삶의 가치와 의미가 도대체 무엇인지'와 같은 문제를 제 문제, 제 삶의 방식의 문제로까지 깊이 생각했습니다.

아우렐리우스는 다음과 같이 말합니다.

> 모든 것이 부질없다. 기억하는 것도 기억되는 것도
> (4·35)

> 머지않아 너는 모든 것을 잊을 것이다.
> 그리고 머지않아 너의 모든 것도 잊힐 것이다 (7·21)

어머니가 쓰러지시기 전에는 막연하게 앞으로 살아갈 나의 미래를 생각하고 있었지만, 분명 모든 것이 부질없고, 어머니가 돌아가시면 나는 어머니를 돌보던 날들도, 어머니도, 언젠가 잊어버릴 테고, 그런 나도 죽고 나면 모두에게서 잊힐 텐데, 그게 인생이라면 산다는 것은 과연 의미가 있는 것인가 하며 아우렐리우스의 문장을 조금 읽다가 멈추고, 생각하기를 반복했습니다.

머지않아 어머니가 돌아가시고 저는 대학원으로 복귀했지만, 제 앞에 펼쳐져 있다고 생각해왔던 인생의 레일이 사라지고 인생에서 탈선한 느낌이었습니다. 한마디로 말하자면 '성공'을 포기한 것입니다. 대학교수가 되면 돈과는 인연이 없는 인생이 될 거라는 건 각오하고 있었지만, 그래도 교수가 되고 싶다는 야망을 품던 저였는데, 그런 마음조차 완전히 사라져버렸습니다. 어머니의 죽음을 극복하고, 지금까지와는 다른 인생을 살 결심을 하게 해줬다는 의미에서 철학은 저에게 도움이 되었지요. 선생님 말씀처럼 말입니다.

저는 주로 플라톤을 연구했습니다만, 어머니가 입원해 계시던 동안 읽었던 《명상록》은 플라톤보다 훨씬 인생에 대해 깊이 생각하게 했습니다.

《명상록》에는 죽음을 둘러싼 사색을 기록한 문장이 많습니다. 《명상록》을 읽으면서 죽음에 관해 생각하지 않을 수 없었습니다. 게다가 의식이 없는 어머니를 앞에 두고 있었으니 더 그랬겠지요.

니체의 《차라투스트라는 이렇게 말했다》에 이런 대목이 나옵니다. 이야기는 '10년의 고독에도 지치지 않았던' 차라투스트라가 산에서 내려오는 장면부터 시작합니다. 어느 날 샘물을 찾던 그는 푸르른 목초지까지 나오게 되었습니다. 그곳에서는 소녀들이 팔짱을 끼고 춤을 추고 있었는데, 차라투스트라를 보고는 춤추기를 멈췄지요. 그러자 그는 우호적인 태도로 가까이 다가가 이렇게 말합니다.

"소녀들이여, 계속 춤을 추어라. 나는 그대들의 놀이를 방해하기 위해 짓궂은 눈을 하고 온 것이 아니다. 나는 너희의 적이 아니다. 분명 나는 숲이자 깊고 무성한 어둠이기는 하다. 허나 나의 어둠을 두려워하지 않는 자는 나의 상록(유럽 지역에서는 죽음의 상징으로 흔히 묘지에 심는다―옮긴이 주) 나무숲 아래서 장미 비탈길을 발견할 것이다."

여기서 말하는 '깊고 무성한 어둠'은 죽음의 비유입니다. 죽음은 살아 있는 한은 체험할 수 없습니다. 사후 세계를 체험했다고 말하는 사람이 있다 하더라도 죽음에서 살아 돌아온 사람은 없기에 사람은 살아 있는 한 죽음을 직접 체험해서 알 수는 없습니다.

하지만 내 죽음이 아니더라도 누군가의 죽음을 눈앞에 두고, 인생의 끝에 죽음이 있다는 사실을 알고 나면, 더는 그전으로 돌아갈 수 없습니다. 그때까지 가치가 있다고 생각하던 것, 예를 들어 돈이나 명예 따위에는 전혀 가치가 없다는 사실을 알게 됩니다. 제가 눈앞에 깔려 있던 인생의 레일이 사라진 것처럼 느꼈던 것도 그 때문입니다.

하지만 죽음을 두려워할 필요도, 즐거운 춤을 방해하는 어둠이라고 생각할 필요는 없습니다. 차라투스트라는 '나의 어둠을 두려워하지 않는 자는 나의 상록 나무숲 아래서 장미 비탈길을 발견할 것'이라고 말합니다. 춤을 멈추지 않아도 된다, 춤추는 사람은 인생의 끝자락에 죽음이 만반의 준비를 하고 기다리고 있다 하더라도 '지금, 여기'에서 계속 춤을 추면 된다고 말합니다. 왜 그렇게 말할 수 있는가, 어떻게 계속 춤을 출 수 있는가. 아우렐리우스, 그리고 저는 계속해서 생각했습니다. 아우렐리우스가 같은 이야기를 몇 번씩 반복해서 쓰고, 끊임없이 묻는 이유는 죽음뿐 아니라 많은 문제에는 정답이 없기 때문입니다. 독자 여러분도 아우렐리우스와 함께 생각해보길 바랍니다.

한국 작가 김연수는 번역이란 가장 '깊이 있는 독서'라고 말합니다. 번역을 하려고 하면 아무리 짧은 문장이라도 대체 왜 이야기가 이렇게 흘러가는지 질문을 던져야만 하기 때문입니다.
번역을 염두에 두지 않더라도 글을 읽을 때면—꼭 원문이 아닌 번역된 문장만 읽더라도 천천히 곱씹다 보면 질문이 얼마든지 생기기 마련입니다.
"문학에는 정답이 없기에 반복해서 질문을 던지다 보면 어떤 깨달음을 얻을 때가 있다. 그런 식으로 숨겨진 의미를 알게 된

다."《청춘의 문장들+》)

철학도 마찬가지입니다. '정답'은 없습니다. 없다고 하면 지나친 단언일지 모르지만, 정답을 알았다고 생각하면 보이지 않는 것도 있습니다.

김연수의 〈달로 간 코미디언〉이라는 소설에 나오는 도서관장은 선천성 백내장 탓에 왼쪽 눈이 거의 보이지 않아 오른쪽 눈에만 의지해 책을 읽습니다.

"그 시절에는 요약할 수 없는 책만 골라 읽었습니다. 왜냐하면 언젠가 눈이 보이지 않게 되면 책을 읽을 수 없을 테고, 실용서나 베스트셀러는 읽은 사람에게 내용을 요약해달라고 하면 된다고 생각했거든요."

저는《명상록》역시 '요약할 수 없는 책'이라고 생각합니다. 조금씩, 아우렐리우스가 남긴 노트를 찬찬히 읽어 나가는 수밖에 없습니다. 저도《명상록》의 내용을 요약하지 않았지만, 이 책을 손에 든 여러분이 아우렐리우스가 남긴 문장을 보고 인생을 고찰하는 계기로 삼기를 바랍니다.

덧붙이자면 아우렐리우스의 문장은 모두 제가 그리스어 원문을 직접 번역한 것입니다.

차례

| 들어가며 | ··· 5

1장   아우렐리우스와 《명상록》

- 아우렐리우스라는 인물   ··· 19
- 자기 자신을 위한 기록   ··· 25
- '너'라는 호칭   ··· 31
- 있는 그대로의 자기를 보다   ··· 36

2장   철학이 나를 지킨다

- 조금씩이라도 전진한다면 충분하다   ··· 43
- 내가 살아야 하는 곳에서 잘 사는 법   ··· 47
- 단념할 줄 안다는 것   ··· 54
- 우리를 지키는 것은 오직 철학뿐이다   ··· 59

3장   자신을 바라본다

- 자기 마음을 바라본다   ··· 67
- 난공불락의 정신적 요새   ··· 75

4장 감정과 어떻게 마주할 것인가

- 평정심의 힘 ⋯ 81
- 화를 내봤자 쓸데없다 ⋯ 85
- 고고하게 살아간다 ⋯ 88
- 화내지 말고 가르쳐라 ⋯ 90
- 아무것도 바라지 않는다 ⋯ 95
- 남이 나를 평가할 때 ⋯ 103
- 타자에게 기대하지 않는다 ⋯ 106

5장 자연과 일치하여 살아간다

- 우리가 존재하는 이유 ⋯ 113
- 한 인간으로서 살아간다는 것 ⋯ 116
- 자신을 바라보고 타자와 공생한다 ⋯ 119

6장 복잡한 인간관계 속에서 살아가는 법

- 앞을 가로막는 타자 ⋯ 125
- 내가 할 수 있는 일에만 집중한다 ⋯ 128
- 나도 같은 부류라고 생각한다 ⋯ 132
- 누구나 잘못된 판단을 내릴 수 있다 ⋯ 135
- 협력하기 위해 태어났다 ⋯ 143
- 왜 협력해야 하는가 ⋯ 150

7장 바깥에 있는 것은 사람을 불행하게 하지 않는다

- 재앙은 내 안에서 온다 ··· 161
- 올바르게 판단한다 ··· 167
- 좋은 사람에게 나쁜 일은 없다 ··· 170

8장 곤경에 어떻게 맞설 것인가

- 견딜 수 없는 곤경은 없다 ··· 175
- 고난에 어떻게 맞설지 내가 선택해야 한다 ··· 177
- 고상하게 견디다 ··· 183

9장 선악무기한 것을 고집하지 않는다

- 선악무기한 것 ··· 189
- 무관심하게 있는다 ··· 191
- 지금 시대의 선악을 안다 ··· 194
- 괴로운 인생을 살아낸다 ··· 198
- 타자도 선악무기 ··· 200
- 생과 사는 선악무기인가 ··· 203

10장 운명을 받아들인다

- 모든 것은 운명인가 ··· 209
- 기쁘게 받아들여라 ··· 213
- 일어나는 일은 선한 일인가 ··· 220

11장   죽음에 관하여

- 죽지 않는 사람은 없다 ··· 225
- 새로운 시작을 위한 잠깐의 멈춤 ··· 230
- 죽음을 소홀히 하지 않는다 ··· 238
- 변화를 두려워하는가 ··· 240
- 나의 의무를 다할 뿐이다 ··· 244
- 덤이라고 생각하며 살아간다 ··· 248
- 평온한 죽음 ··· 251
- 살아 있음에 가치가 있다 ··· 256

12장   지금 여기를 살아간다

- 모든 것은 덧없다 ··· 267
- 잊혀진다는 것 ··· 271
- 우리가 살 수 있는 것은 지금뿐 ··· 274
- 찰나의 인생이지만 ··· 278
- 오늘을 마지막 날처럼 산다 ··· 282
- 지금, 시작하다 ··· 287

13장   《명상록》을 넘어서

- 권한 내에 있는 것의 확인 ··· 297
- 실존적 이분성과 역사적 이분성 ··· 300
- 할 수 있는 일은 있다 ··· 303
- 자신을 잊어서는 안 된다 ··· 306

| 참고문헌 | ··· 310

1장
아우렐리우스와 《명상록》

이 장에서는 마르쿠스 아우렐리우스라는 인물과 그가 남긴《명상록》을 살펴보겠습니다. 로마 황제였던 그가《명상록》을 그리스어로 기술한 이유와 책에서 본인을 '너'라고 부른 이유도 함께 생각해봅시다.

일러두기

° 이 책에 게재한 《명상록》 원문은 모두 저자가 번역한 것입니다.
° 번역문 끝의 숫자는 《명상록》의 권과 장을 표시한 것입니다.

아우렐리우스라는 인물

《명상록》의 저자는 제16대 로마 황제인 마르쿠스 아우렐리우스 안토니우스(121년~180년, 재위 161년~180년)입니다. 아우렐리우스는 황금 가도를 달리던 로마 제국을 통치한 황제 가운데 한 사람으로 약 200년 동안 이어진 번영과 평화에 그늘이 드리워지기 시작한 시기에 황제 자리에 올라 어렵게 로마 제국을 이끄는 조타수 역할을 했습니다.

오현제(다섯 명의 현명한 황제가 제국에 평화를 가져다주던 시대로 '네르바-안토니누스 왕조'라고도 불린다 — 옮긴이 주) 가운데 마지막인 아우렐리우스의 시대는 수해와 질병이 발생하고, 국경 곳곳에서 외적이 침입을 시도해, 로마 제국은 과거의 영광을 잃었고 황제의 권력도 예전만 못했습니다. 황제가 실권을 쥐고 있는 게 아니었기 때문에 결코 자유롭지 못했지요.

그는 낮 동안의 정무에서 해방되어 혼자 침소에 드는 시간이 되어야 비로소 자유로워질 수 있었습니다. 나중에 보겠지만 《명상록》은 황제인 아우렐리우스가 직접 전쟁터에 나가, 야영 텐트 안에서 양초 불빛에 의지하며 써 내려간 것입니다.

아우렐리우스는 로마의 명문가에서 태어났습니다. 현명한 황제의 통치가 이어지고, 로마 제국이 평화와 번영을 구가하던 시대였지요. 어린 시절의 이름은 마르쿠스 안니우스 베루스였는데, 황제 가문의 양자가 되면서부터 아우렐리우스라고 불리게 되었습니다.

법무관 일을 하던 아버지 마르쿠스 안니우스 베루스는 아우렐리우스가 세 살 때 돌아가셨습니다. 아버지와 사별한 아우렐리우스는 당시의 관례에 따라 조부인 마르쿠스 안니우스 베루스의 양자가 되었는데, 그의 조부는 당시 황제였던 하드리아누스의 측근이었지요. 황제는 어린 아우렐리우스를 귀여워했고, 언젠가는 아우렐리우스를 황제로 삼으려 했던 것 같습니다.

교육열이 높았던 외증조부 루키우스 카틸리우스 세베루스는 일곱 살이 된 아우렐리우스를 일반 학교에 보내지 않고, 일류 학자들을 가정교사로 붙여서 집에서 배우게 했습니다. 그리스어, 라틴어, 음악, 수학, 법률, 수사학 등을 배웠는데, 아우렐리우스는 그중에서도 철학에 푹 빠졌습니다.

열네 살 때 차기 황제로 지명되어 있던 루키우스 케이오니우스 콤모두스의 딸인 케이오니아와 약혼했습니다. 그런데 콤모두스가 급사하고, 새롭게 후계자로 지명된 안토니누스 피우스의 양자가 되었습니다.

황제 하드리아누스가 죽자, 황위를 이어받은 안토니누스 피우스는 아우렐리우스와 케이오니아의 약혼을 파기하고 자기 딸인 파우스티나(당시 여덟 살)와 약혼시키더니 아우렐리우스를 차기 황제로 지명했습니다. 이때 열여덟 살이었던 아우렐리우스는 기뻐하기보다는 두려워했다고 전해집니다. 철학자로서의 길이 끊어졌고, 궁궐 안에서 일어나는 온갖 악행과 방탕함을 익히 알고 있었던 그는 아마 자신의 암울한 미래를 상상했던 것 같습니다.

그렇지만 아우렐리우스는 맡은 바 책임을 다하였고, 피우스 황제가 죽자 서른아홉의 나이에 황위를 계승했습니다. 즉위에 즈음해 자신처럼 피우스의 양자이자 아홉 살 아래인 루키우스 베루스와 로마를 공동 통치하기로 했습니다. 두 명의 황제가 공동 통치하는 것은 역사상 처음이었습니다.

그는 철학자로서의 삶을 살지 못하게 된 것에 절망했으니 이 시점에서 루키우스에게 황위를 양보하고 철학에 전념할 수도 있었겠지만, 그렇게 하지 않았습니다. 그 이유는 아마도 하드리아누스와 피우스라는 두 황제의 뜻을 거스르는 일이 되는 데다가 운명을 감내하고 의무를 다해야 한다고 생각했기 때문일 겁니다.

그들의 공동 통치를 기다리고 있었던 것은 거듭되는 천재지변과 변방 외적의 침입이었습니다. 두 황제는 몸소 군대를 이끌고 전쟁터로 향했습니다. 원정길을 떠났다가 로마로 귀환하던 어느 날 루키우스가 서른아홉의 나이에 비명횡사하고 말았습니다. 이렇게 그들의 공동 통치는 8년 만에 막을 내렸지요.

아우렐리우스에게는 열네 명의 아이가 있었는데, 대부분은 요절하였고, 성인으로 성장한 것은 딸 다섯 명과 아들 한 명뿐이었습니다. 병사들에게 '병영의 어머니'라고 불리며 추앙받던 아내이자 황후 파우스티나(안토니우스 피우스 황제의 딸)는 전쟁터에 동행해 있던 중에 숨을 거뒀습니다. 이때 나이 마흔다섯이었습니다. 아우렐리우스는 이 무렵부터《명상록》을 쓰기 시작했다고 전해집니다.

아우렐리우스는 루키우스의 후계자이자 공동 통치자로 열다

섯 살이 된 자기 아들을 임명하는데, 이 아들이 나중에 폭정을 펼쳐서 암살당하는 콤모두스입니다. 인재를 등용해 뒤를 잇게 하는 관습을 깨고 무능한 친아들을 황제 자리에 앉힌 것이 아우렐리우스가 범한 유일한 실수라고 지적하는 역사가도 있지만, 제 자식을 두고 굳이 남의 자식을 앉히고 싶지 않았던 아버지로서의 솔직하고 인간적인 면모가 엿보이는 부분인 것 같기도 합니다.

콤모두스와의 공동 통치를 시작하고 2년, 아우렐리우스는 전선에서 겨울을 보내던 중 병으로 쓰러졌습니다. 불치병이라는 사실을 알고서 식음을 전폐하고는 약도 먹지 않더니 나흘 만에 임종을 맞이했다고 합니다. 그때 나이 쉰여덟이었습니다.

아우렐리우스는 소년 시절부터 고대 그리스의 스토아 철학에 매혹되었고, 깊이 심취했습니다. 스토아 철학의 시조는 키프로스섬 키티온 출신의 제논(기원전 335년~263년)으로 스토아라는 이름은 그가 아테네의 스토아(stoa, 지붕을 떠받치도록 일렬로 세운 돌기둥—옮긴이 주)에서 강의했던 것에서 유래했습니다. 영어 '스토익(stoic, 금욕주의자)'의 어원이기도 합니다.

스토아학파의 계보는 크게 3기로 나뉘며, 아우렐리우스는 후기 스토아학파의 한 사람으로 손꼽힙니다. 후기 스토아학파인 에픽테토스(55년~135년)의 영향을 특히 많이 받았습니다. 소아시아

출신의 노예 에픽테토스는 해방된 뒤 그리스에서 학생들을 가르쳤습니다.

에픽테토스의 만년과 아우렐리우스가 철학에 감화되었던 소년 시절이 겹치기는 하지만, 아우렐리우스가 에픽테토스에게 직접 가르침을 받은 것은 아닙니다. 아우렐리우스는 자신의 스승이었던 루스티쿠스가 소장하고 있던 책을 통해 에픽테토스의 사상을 접했습니다.

《명상록》은 스토아 철학의 자료라는 관점에서 봤을 때는 'B급'이라거나 '사상 내용에 독창성이 없다'라거나 '절충안이다'라는 식의 평가를 받기도 하지만, 연구자가 아닌 대부분의 독자에게는 아무 문제도 없을 겁니다. 누구에게 어떤 영향을 받아 어떻게 이해했든, 아우렐리우스가 무엇을 생각했는지, 그 생각을 접하고 독자 스스로 생각해보는 게 중요할 테니까요.

자기 자신을 위한 기록

아우렐리우스가 전쟁으로 세월을 보내며 야영 텐트 안에서 양초 불빛에 의지해 자기 생각을 노트에 담은 것이《명상록》입니다. 자신을 위한 개인적인 메모이자 비공식 문서였을 뿐, 간행할 의도는 없었습니다.

지금은《명상록》이라는 이름으로 알려져 있는데, 책 제목은 아우렐리우스가 붙인 것이 아닙니다. 아마도 후세 사람이 붙인 것일 텐데 언제 누가 붙였는지는 알 수 없습니다.

그리스어 원제목은 '타 에이스 헤아우톤(Ta eis heauton)'입니다. ta는 관사의 복수형, 영어로는 the에 해당합니다. heauton은 '자기 자신'이라는 의미인데 eis를 어떻게 번역하느냐가 문제입니다. 영어로는 into에 해당하기 때문에 '~안으로'라는 의미인데 '~를 위해서'라고 번역할 수도 있습니다. 관사 뒤에 명사는 생략되어 있기 때문에 '자신을 위한 것', 조금 보충하자면 '자기 자신을 위한 메모' 정도가 될 겁니다.

아우렐리우스가 쓴 원본은 남아 있지 않습니다. 원본을 옮긴 복제본은 있지만, 복제라고 하더라도 손으로 옮겨 적은 것이기 때문에 누락이나 오기(誤記)가 있습니다.

가장 오래된 사본은 아우렐리우스 사후 800년 정도가 지난 10세기의 것이라고 합니다. 이 책뿐 아니라 양피지나 파피루스에 쓴 사본은 무르고 약하기 때문에 물리적으로 남기기가 어렵고, 보존 상태가 좋지 못해 해독하지 못하거나 화재나 약탈의 쓰라린 경험을 하기도 했습니다. 오늘날 우리가 아우렐리우스가 쓴 기록을 읽을 수 있는 것은 기적이라고 말해도 과언이 아닐 정도입니다.

그리스어 원문과 라틴어 번역문의 대역본이 활판 인쇄되어 간행된 것은 16세기 중반에 와서야 가능했습니다. 이후 유럽 각국에서 번역 출판의 움직임이 이어졌습니다.

내용적인 이야기를 하자면 전편에 걸쳐서 '나'의 이야기지만,

주변에서 일어난 사건이나 그와 관련된 인물의 이름은 쓰여 있지 않고, 지명도 약간만 언급되어 있을 뿐입니다. 정치성도 거의 없는 것이나 마찬가지여서 황제가 쓴 것임에도 불구하고, 분서(焚書)로 매장당하지 않았습니다. 무엇보다도 후세에 남아 고전으로 오랫동안 읽히는 것은 독자가 《명상록》에는 후세에 전해 마땅한 가치와 보편성이 있다는 사실을 인정했기 때문이겠지요.

　아우렐리우스는 그리스어로 《명상록》을 썼습니다. 라틴어를 모국어로 하는 로마인인 아우렐리우스가 라틴어가 아닌 그리스어로 쓴 이유는 그가 따랐던 스토아 철학의 언어가 그리스어였기 때문입니다. 당시 철학 용어는 그리스어가 주류였기에, 그리스어에서 라틴어로 번역하지 않고 그대로 사용하는 것이 편했을 겁니다.

　다른 사람도 읽기를 바랐다면 라틴어로 썼겠지만, 오직 자신을 위해서 썼기에 라틴어로 쓸 필요가 없었겠지요. 어쩌면 다른 사람이 읽지 않기를 바라는 마음에서 그리스어로 쓴 것인지도 모릅니다. 이유야 어찌 되었든 자신은 읽지 못하는 말로 황제가 무언가를 노트에 끄적이는 모습을 본 사람이 있다면 이상하게 생각하거나 불안해했을지도 모릅니다.

　일본 메이지 시대의 시인 겸 문학평론가인 이시카와 다쿠보쿠(石川啄木)는 로마자로 기록한 일기를 남겼습니다. 그는 어째서

로마자로 일기를 썼을까요?

'Yo wa Sai wo aisiteru; aisiteru kara koso kono Nikki wo yomase taku nai noda.('나는 사이를 사랑한다: 사랑하기 때문에 이 일기를 읽지 않기를 바라는 것이다'라는 뜻—옮긴이 주)'

분명 일기에는 다쿠보쿠 입장에서 아내가 읽지 않기를 바랐을 것 같은 일이 쓰여 있습니다.

하지만 이것이 로마자로 일기를 쓴 이유라는 것에 대해 다쿠보쿠 자신도 '거짓말'이라고 부정하고 있습니다. 프랑스 문학자인 구와바라 다케오(桑原武夫)는 그가 로마자라는 표기법을 취함으로써 (1) 가족이 읽지 않았으면 한다는 의미에서 정신적인, 더 나아가서는 윤리적인 억압에서 (2) 일본 문학의 억압에서 (3) 나아가서는 이것들을 포함한 사회적 억압에서 벗어날 수 있었다고 말합니다.

일본 문학의 전통적 압력에서 벗어난다는 것은 로마자로 표기와 더불어 쓰는 내용 그 자체도 달라지는 부분이 있다는 것을 뜻합니다. 구와바라 다케오는 새 노트에 로마자로 쓰기 시작하고부터 다쿠보쿠의 일기는 갑자기 묘사가 정밀해지고, 심리분석도 깊어졌다고 말합니다.

표기를 로마자로 바꾼다 한들 어디까지나 일본어이기에 완전히 외국어로 소설을 쓰는 것과는 사정이 다르겠지만, 다쿠보쿠도

이와 비슷한 해방감을 느꼈는지도 모릅니다.

그렇게 생각하면 아우렐리우스는 그리스어에 능통하지는 않았지만, 그리스어로 쓰는 게 스토아 철학의 언어를 구사하기에 편리하다는 이유뿐 아니라 모국어로 쓸 때와 표현이 달라진다는 사실을 알았던 게 아닐까 싶습니다. 즉, 자기 내면을 들여다보고, 자기 생각을 엮어나가기 위해 일부러 그리스어라는 외국어를 사용한 것 같다는 말입니다.

또 한 가지 알아두어야 할 것은 《명상록》은 자신만을 위해 쓴 노트이기에 의미를 파악하기 어려운 부분이 많다는 사실입니다. 간행을 의도로 한 책이라면 쓰고 나서 반드시 수정 작업을 거칩니다. 저자가 수정을 원하지 않더라도 편집자는 가차 없이 교정을 요구하지요.

철학자이자 윤리학자인 와츠지 데츠로(和辻哲郎)가 쓴 《이탈리아 고찰 순례(イタリア古寺巡礼)》라는 책이 있습니다. 와츠지의 설명에 따르면 이 책은 20여 년 전 이탈리아 곳곳을 여행하면서 머무는 호텔 방에 앉아 가볍게 쓴 자신의 사적인 편지를 수록한 것입니다. 원래는 더 깊이 생각하고 조사한 뒤 신경 써서 고치려 했지만, 오랫동안 방치했더니 써놓은 것을 제외하고는 기억이 나지 않아 도저히 손을 댈 엄두가 나지 않더랍니다. 그래서 문장의

사소한 부분을 조금 손본 것 외에는 그대로 두었다고 하는데, 실제로는 상당히 공을 들였습니다.

문장을 다듬어서 확실히 읽기 쉬워졌는데, 이는 사적인 편지 즉, 아내에게 보내는 편지였습니다. 따라서 편지에 개인적인 말이 생략된 부분도 있습니다. 와츠지가 아내에게 보낸 편지는《아내 와츠지 테루에게 보내는 편지(妻 和辻照への手紙)》상, 하로 나와 있습니다. 그것 역시 실제로는 교정 작업을 거쳤겠지만, 제가 보기에는 원래 편지가 와츠지의 진심이 담겨 있는 것 같아 훨씬 재미있습니다.

다만 편지라면 누군가를―와츠지의 편지는 아내를―대상으로 쓰지만《명상록》은 그 누군가가 자기 자신입니다. 자기만 알아보면 된다면 나중에 고쳐 쓸 필요가 없었을 겁니다. 그 대신 아무도 읽지 않을 것이기에 숨김없이 쓸 수 있었겠지요.

'너' 라는 호칭

어쩌면 '《명상록》은 황제가 쓴 잠언집 같은 책 아니냐', '현제(賢帝)라고 불린 도덕가의 이야기 따위 듣고 싶지 않다' 하며 거들떠보려고도 하지 않는 사람이 있을지 모릅니다. 하지만 그런 종류의 책이 아니라는 사실은 책을 조금만 읽어보면 알 수 있습니다. 아우렐리우스는 누군가에게 자기 의견을 피력하거나 설교하려는 것이 아니라 자기 내면을 들여다보고, 자기 행동을 반성하고, 자신을 타이르기 위해 글을 썼습니다.

저 역시 그날 한 일을 노트에 적어둘 때가 있습니다. 그런데 그저 누구를 만났다는 객관적인 사실뿐 아니라 그 사람과 만났을 때 어떤 생각을 했는지, 그 사람에 대해 어떻게 느꼈는지를 쓰려고 하면 아무도 내가 쓴 것을 읽지 않는다는 사실을 알면서도 괜히 누군가의 시선을 의식하게 되더군요. 남에 대해 부정적인 말을 쓰는 것은 말할 것도 없고, 나에 대해서도 솔직하게 쓰기를 주저하게 됩니다. 그런데 아우렐리우스는 생각한 대로, 느낀 그대로를 쓴 것처럼 보입니다. 아우렐리우스가 어떤 식으로 썼는지 들여다봅시다.

> 새벽녘에 언짢은 기분으로 잠에서 깬다면, 곧바로 이렇게 생각하라. '내가 눈을 뜬 것은 인간의 일을 하기 위해서다'라고 말이다. 내가 그러기 위해 세상에 태어난 일을 하려고 하는데도 나는 언짢아하는가. 아니면 나는 침상에서 내 몸뚱이나 데우기 위해 만들어졌단 말인가.
> '하지만 그 편이 안락하다'
> 그렇다면 나는 쾌적하기 위해 태어난 것인가. 이는 즉, 너는 정념을 위해 태어난 것인가. 아니면 활동하기 위해 태어난 것인가. 너는 보이지 않는가. 식물이, 참새가, 개미가, 거미가, 꿀벌이 자기 일을 하고, 각자가

질서 잡힌 우주를 만들어 나가고 있는 것이.
아니면 너는 인간의 일을 하려는 생각이 없는가.
자연이 너에게 명령하는 것을 향해 달려가지 않으려는
것인가.
'하지만 휴식도 필요하다'
나도 동의한다. 하지만 자연은 거기에도 한도를
부여하고, 먹는 것과 마시는 것의 한도도 부여했다.
그럼에도 불구하고 너는 충분함을 넘어서 돌진하려는
것인가. 하지만 행위에 있어서는 어느새 그렇게 하지
않고 가능한 범위에서 그렇게 하고 있다.
너는 자기 자신을 사랑하지 않기 때문이다. 자신을
사랑한다면 너는 너의 자연과 자연이 원하는 바 역시
사랑했을 테니 말이다 (5·1)

아우렐리우스는 자기 자신을 '너'라고 부르며 자신과 대화하고 있습니다. 여기서 인용한 부분에서는 '나는 침상에서 내 몸뚱이나 데우기 위해 만들어진 것인가'라고 묻고는 '하지만 그편이 안락하다' 하는 식으로 저항하고 있습니다. 자연이 명령하고 있다는 말은 '이성'이 명령한다는 뜻입니다.

말을 밖으로 내뱉으면 타자가 반응하고, 그 반응을 말로 전달

합니다. '대화'는 그리스어로는 '디아로고스'라고 하는데, 이는 '로고스를 교환한다'라는 뜻입니다. 여기서 '로고스'는 '말'이며 '이성'이라는 의미이기도 합니다.

사고(思考)는 내가 나와 행하는 내적인 대화입니다. 내가 목소리를 내지 않고 이야기하는 말에, 내가 반응하는 것이지요. 머릿속으로만 생각하는 일도 물론 가능하지만, 노트에 생각을 적으면 사고가 가시화됩니다.

그렇게 하는 게 필요한 이유는 혼자 하는 대화는 타자와의 대화에 비해 아무래도 논리가 물러지기 쉽기 때문입니다. 그렇게 되지 않으려면 내적 대화인 '사고'를 말로 표현해야 합니다. 노트에 쓰는 것은 사고를 표현하기 위함입니다. 머리로는 알고 있는 것 같지만, 막상 써보면 알지 못한다는 사실을 깨닫게 될 때가 있습니다. 또, 알고 있어도 실천하는 게 어렵게 느껴진다면 어째서 그렇게 생각하는지를 일단 써보아야 합니다. 그러면 왜 실천이 어려운지 그 이유가 보이기 시작할 때가 있습니다.

아우렐리우스는 노트를 쓸 때 자신을 '너'라고 불렀습니다. 그렇게 함으로써 자기를 객관적으로 보고, 나아가서는 물러지기 마련인 내적 대화를 타자와 대화할 때처럼 긴박한 것으로 만들었습니다.

아우렐리우스는 자신이 스토아 철학을 올바르게 이해하고 있을 뿐 아니라 실천도 하고 있는지를 검증하기 위해 숨김없이 솔직하게 자기 생각을 썼습니다. 아마도 아우렐리우스는 자기 외의 누군가가 노트를 읽게 될 거라고는 생각하지 못했겠지만, 솔직하게 썼기에 후세에 남겨진 노트를 읽는 저는 아우렐리우스에게 공감할 수 있는 것 같습니다.

아우렐리우스는 자신을 향해 '너'라고 부르는데, 읽다 보면 왠지 저를 부르고 있는 듯한 느낌이 듭니다. 《명상록》을 번역했던 가미야 미에코(神谷美惠子)는 《편력(遍歷)》에서 다음과 같이 말합니다.

"이 안에서 황제는 자기에게 말을 걸고 있지만, 신기하게도 마치 나에게 말을 걸고 있는 것처럼 느껴진다."

아우렐리우스가 말을 거는데 저 역시 가만히 있을 수는 없지요.

있는 그대로의 자기를 보다

불가능한 것을 추구하는 것은 광기의 산물이다. 그런데 어리석은 사람이 그러한 일을 하지 않기란 불가능하다 (5·17)

'그러한 일'이 무엇인지는 쓰여 있지 않지만, 여기서 생략된 3단논법의 결론은 다음과 같이 쓸 수 있겠지요.

'따라서 어리석은 사람이 어리석은 일을 하지 않기를 바라는 것은 광기의 산물이다'

> 네가 분노를 터뜨린다고 할지라도 그들은 같은 행동을 할 것이다 (8·4)

이는 뒤에서 한 번 더 언급하겠지만, 도저히 참을 수 없는 일이 있어서 실제로 분노를 터뜨렸는지도 모르지요.
그렇다고 그런 자신을 긍정하고 있는 것은 아닙니다.

> 이제 너는 죽고 말 것이다. 그런데도 마음에 겉과 속이 있어서 침착하게 있지 못한다. 누군가가 해치지 않을까 하는 의심을 떨치지 못하고, 모든 사람에게 자애롭지 못하며, 지혜란 올바른 행동에서만 발견될 수 있음도 깨닫지 못한다 (4·37)

있는 그대로의 자신을 대면하기란 어렵기 마련입니다. 저는 아우렐리우스가 자신의 못난 모습도 솔직하게 쓰고 있다는 데에서 호감을 느낍니다. 만약 그가 '마음에 겉과 속이 없이 침착하게 있어야만 한다'고 썼다면 설교하는 느낌을 받았겠지요.

> 영혼이여, 부끄러워하라. 자신을 부끄러워하라! 네겐 너 자신을 존경할 일이 아마도 없을 것이다. 왜냐하면

생애는 누구에게나 한 번만 주어지기 때문이다. 그리고 네 생애는 이제 끝나려 하고 있다. 그런데도 너는 자신을 존경할 줄 모르고 그저 남의 영혼 속에서 너의 행복을 찾고 있구나 (2·6)

'남의 영혼 속에서 너의 행복을 찾고 있다'라는 말의 의미는 나중에 살펴보겠지만, 여기서 '자신을 부끄러워하라'라는 격한 말을 스스로를 향해 던지고 있다는 사실에 눈길이 갑니다. 자기를 부끄러워하는 것은 자기 자신, 자기 안의 신성(神性)을 존경하는 것과는 정반대의 일입니다.

아우렐리우스가 이런 말을 할 리가 없다고 텍스트를 다르게 해석하는 사람도 있지만('너는 너 자신을 부끄러워하고 있다'), 자기를 존경하지 못하고 있는 자신을 비판하기 위해서 '너를 부끄러워하라'라고 아우렐리우스가 말했다고 해도 저는 이상하지 않은 것 같습니다.

어떤 일에도 마음이 흐트러지는 일 없이 평온하게 있지 못한다는 사실을 들키는 것은 오랫동안 배우고 실천해온 스토아 철학을 제대로 배우지 못했다는 뜻입니다. 아우렐리우스는 외부에서 해를 당하는 일은 없다고 말합니다. 밖에서 일어나는 일로 인해 불행해지거나 행복해지는 것이 아닙니다. 그 사실을 이해하고 있다 하더라도 의심은 떠나지 않습니다.

타자에게 친절을 베푸는 등의 협조를 하는 것과 부정을 행하는 일은 사려 깊지 못하다는 것 역시 스토아 철학의 기본적인 생각입니다. 그런데 죽음의 순간을 앞두고도 아직 자신이 이도 저도 하지 못했다고 아우렐리우스는 적고 있습니다.

회의(懷疑)는 철학을 하는 데 필요한 태도입니다. 다른 사람이, 그것도 많은 사람이 하는 말만 듣고 스스로는 생각해보려고도 하지 않은 채, 안이하게 상식적인 생각을 받아들이거나 실천하고 있다고 생각하는 것보다는 훨씬 바람직하지요. 적어도 아우렐리우스는 노트에 진짜 자기 생각을 쓸 수 있었던 것 같습니다.

2장

철학이 나를 지킨다

이 장에서는 아우렐리우스의 인생을 매혹하고, 그것 없는 인생은 상상조차 할 수 없게 만들었던 '철학'은 과연 어떤 것이었는지 생각해보려고 합니다. 철학은 학문이라기보다는 현실 안에서—구체적으로는 인간관계 안에서—살아가는 지침을 부여하는 것으로, 우리 생활과 동떨어진 것이 아닙니다.

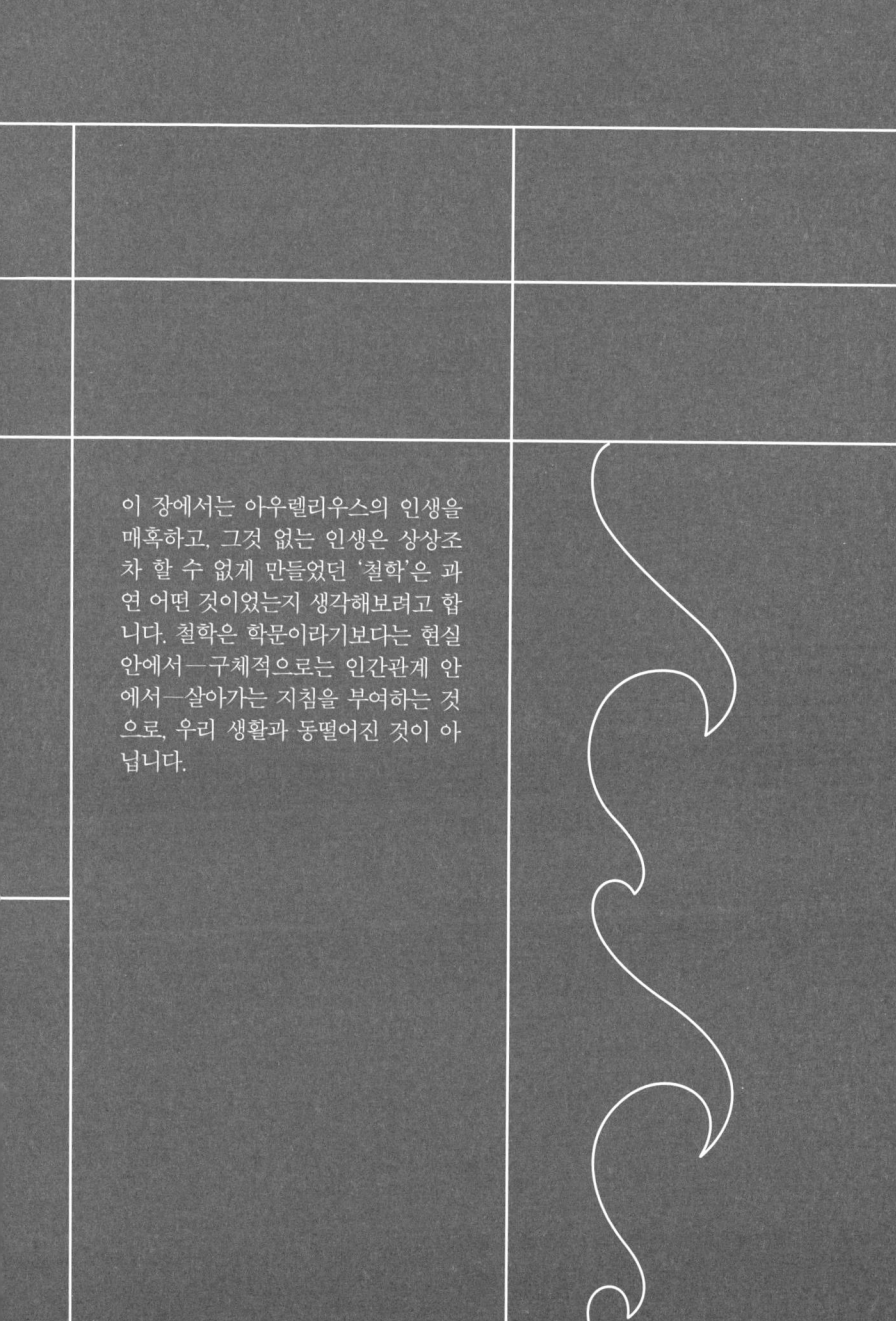

조금씩이라도 전진한다면 충분하다

플라톤의 이상 국가를 바라지 마라. 조금이라도
전진하면 충분하다고 생각하고 그 성과를 하찮게
여기지 말라 (9·29)

아우렐리우스는 플라톤이 이상으로 한 철인(哲人) 정치를 구현한 현제라고 불립니다. 아우렐리우스 본인 역시 '철학자가 통치하거나 통치자가 철학을 하면 국가는 번영한다'라고 말했다고 전하는 역사서도 있습니다.

플라톤의 대화편을 몇 번이나 인용한 것으로 봤을 때 아우렐리우스가 플라톤의 '철인왕(哲人王)'을 몰랐을 리는 없습니다.

집안도 좋고 재능도 뛰어났던 플라톤은 당연히 정치가가 될 생각이었는데, 소크라테스와 만나면서 큰 영향을 받았습니다. 특히 소크라테스가 사형당하자 큰 충격을 받은 플라톤은 '모든 일이 완전히 뒤집어지는 것을 보았고, 결국에는 현기증이 났다'라고 자신의 책에 썼습니다. 그런데 그는 그 후 정치에 실망하고 철학의 길로 향한 것이 아니라 오히려 정치와 철학을 어떻게 일체화할 수 있을지를 고민했습니다.

그리고 국가의 정의나 개인의 정의나 진정한 의미에서의 철학이 있어야 알 수 있다는 깨달음을 얻고 정치권력과 철학 정신이 일체화하지 않으면 국가와 인류에 불행이 그치지 않을 거라는 생각에 철인왕 사상에까지 이르게 되었습니다.

아우렐리우스는 플라톤이 말하는 철인 정치는 이상이며 실현할 수 없다고 생각했지만 포기하지 않고, 할 수 있는 일부터 조금이라도 해나가자고 스스로 다독인 것처럼 보이기도 합니다. 아우렐리우스가 정치에 몸담고 싶다고 진심으로 바란 것이 아니라 황제가 되면 철학을 배우는 데 방해가 되지 않을까 하며 고민하고 있었다면, 적극적으로 철인왕이 되려는 마음은 없었던 게 아닐까 하는 생각이 듭니다. 또, '조금이라도 전진하면 충분'하다고 쓴 것으로 미루어보아 정치에 긍정적이었던 것 같지도 않습니다.

요즘 시대의 정치를 보면 나라를 살기 좋게 만들기 위해 정치가가 되려는 사람도 있겠지만, 명예욕에 사로잡히거나 자기 배를 불릴 생각만 하는 정치가도 꽤 많아 보입니다. 주위 사람들의 요구를 거절할 줄 아는 사람이 오히려 정직한 정치가가 될 수 있지 않을까 싶은 생각도 듭니다. 자신이 하고 싶은 일을 뒤로 미루고, 다른 사람을 위해 애쓰는 사람이 보기 드문 시대인 것 같습니다.

황제도 아닐뿐더러, 정치가가 될 생각도 없는 사람은 아우렐리우스의 이 말을 읽어도 본인과는 상관없는 일처럼 느껴질지도 모릅니다. 하지만 나의 개인적 생활을 위한 에너지와 시간을 일에 쓰지 않으면 안 되는 현실 속에서 행복하기 위해 어떻게 살아야 하는지를 고민하는 사람에게는 현실을 살면서 이상을 어떻게 자기 안에 두고, 실현해갈 것이냐를 알려주는 하나의 지침이 되지 않을까 싶습니다.

이상을 내걸어봤자 어차피 실현되지 않을 텐데, 그렇게 실망할 바에야 처음부터 이상을 내걸지 말아야 한다고 주장하는 사람은 결국 현실에 매몰되고 맙니다.

그렇게 되지 않게 도와주는 것이 철학입니다. 철학은 현상을 추인(追認)하지 않습니다. 설령 실현이 어려워도 현실은 어때야 하는지, 그 안에서 어떻게 해야 하는지를 명확하게 밝히는 것이 철학입니다.

내가 살아야 하는 곳에서 잘 사는 법

만약 네게 의붓어머니와 친어머니가 있다면
의붓어머니를 모시면서도, 친어머니 곁으로 끊임없이
갈 것이다. 그것이 지금의 네게는 궁정과 철학이다.
철학으로 종종 돌아갔을 때 그곳에 몸을 맡기고 휴식을
취하라. 그리하면 궁정 생활도 참을 수 있는 일이라
여겨지며 궁정 생활을 하는 너 자신도 참아줄 만한
자(다른 사람에게)로 여겨지리라 (6·12)

먹고살기 바빠 자기가 진정 원하는 일을 못 하며 살고 있다고 느끼는 사람은 철학자로서 살고 싶은 마음과 황제로서 살지 않으면 안 되는 현실 사이에서 갈등했던 아우렐리우스에게 공감할 수 있을 겁니다.

괴로운 일, 원치 않는 일을 하고 있더라도 철학이 버팀목이 되어주면 그곳은 누구에게도 침범당하지 않는 안식처가 되겠지요. 그곳에서 마음의 평화를 얻을 수 있으면 일상이 그저 괴롭기만 하지는 않을 겁니다.

아우렐리우스는 황제로 살았지만, 우리는 현재의 삶의 방식을 그만둘 결단을 내리지 못할 것도 없습니다. 아우렐리우스 역시 현실적으로는 상당히 곤란한 일이었겠지만 황제를 그만둘 수 없었던 것은 아니지요.

우리도 생계를 유지해야 하기에 일을 그만두려 해도 현실적으로는 아우렐리우스와 비슷할 정도로 어려울 수 있을 겁니다. 그러나 괴롭기만 하다면 자기 인생을 살 수 없습니다. 뜻에 맞지 않는 삶의 방식을 취하면서 참고 살기에 인생은 너무나도 짧습니다.

하지만 지금 일이 힘들다고 해서 일을 그만두면 그걸로 문제를 해결할 수 있느냐, 하면 그렇지도 않습니다. 황제로서의 아우렐리우스의 삶이 그저 괴롭기만 했다고는 할 수 없겠지요. 우리도 일하는 시간은 괴롭기만 하고, 자기로서의 생활은 일하지 않는 시간, 그리고 직장 외의 장소에서밖에 찾지 못한다고 생각하면 다른 일을 하더라도 또 똑같은 현상이 반복될 겁니다.

아우렐리우스가 황제로서 일할 때는 늘 참아야만 하고 '친어머니'인 철학 곁으로 돌아갔을 때에만 안식을 취할 수 있었다면 하루 중 대부분은 괴로웠을 겁니다.

하지만 아우렐리우스는 황제로서 사는 것과 철학자로서 사는 것, 어느 한쪽을 거짓이라고 생각하지는 않았던 것 같습니다. 그는 다음과 같이 말했습니다.

> 자신이 살아야 하는 곳에서 우리는 잘 살 수 있다.
> 그런데 궁정에서도 살 수가 있다. 따라서 궁정에서도
> 잘 살 수 있다 (5·16)

'잘 산다'라는 단어는 플라톤의 《크리톤》에 나옵니다. 여기서 소크라테스는 '중요하게 생각하지 않으면 안 되는 것은 그저 사는 것이 아니라 잘 사는 것이다'라고 말합니다.

'잘 산다'라는 말은 '행복하게 산다'라는 뜻입니다. '잘'을 명사화한 '선(善)'은 그리스어로는 도덕적인 의미는 없고 '도움이 된다'라는 뜻입니다. 자기에게 도움이 되지 않는 일을 하거나 불행해지기를 바라는 사람은 없습니다. 하지만 어떻게 하는 것이 자

기에게 도움이 되는지, 어떻게 하면 행복할 수 있는지는 자명하지 않습니다.

우리가 어디서 사는지는 행복과 불행과는 상관이 없습니다. 어떤 특정 장소에서 사는 것이 사람을 행복하게 하거나 불행하게 하는 것이 아닙니다. '살아야 하는 곳에서는 잘 살 수 있다'. 아우렐리우스는 이런 생각을 하며 궁정에서 살면서 동시에 철학자로서 존재할 결심을 굳혔을 겁니다.

궁정에서는 겉으로만 정치가처럼 행동하며 거짓 인생을 보낸 것이 아니라 궁정의 인생도 본래의 인생이라고 간주한 것이지요. 왜 그렇게 말할 수 있는지는 뒤에서 설명하겠습니다.

그렇지만 그런 아우렐리우스도 이중생활의 갈등을 쉽게 극복하지는 못했던 것으로 보입니다.

> 전 생애를, 특히 젊은 날부터 지금까지의 생애를
> 철학자로 사는 일이 이제는 불가능하다는 사실, 그뿐
> 아니라 많은 다른 사람처럼 너 또한 철학과는 거리가
> 먼 사람임이 분명해졌다는 사실 역시 너를 헛된
> 명예욕에서 지켜줄 수 있다. 그 때문에 너는 더럽혀져
> 있으며 철학자로서 명성을 얻는 일은 이제 쉽지 않다.
> 네 사회적 지위 또한 그와는 모순된다 (8·1)

아우렐리우스는 여기서는 철학을 바라보는 자세, 또 철학을 대하는 자세를 바꾸려 하고 있습니다. 누구나 어떠한 형태로든 타자와 관계를 맺지 않고는 살아갈 수 없습니다. 그런데 인간관계 안에서 상처받기도 하지요. 이런 꼴을 당할 바에야 차라리 누구와도 관계를 맺지 않고 살겠다고 결심하는 사람도 있다는 게 이상하지 않을 만큼 인간관계는 고통의 원천이라 할 수 있습니다. 때로는 인간관계 속에서 겪는 마찰이나 알력이 우리를 불행하게 만드는 것처럼 보이기도 합니다.

하지만 삶의 기쁨과 행복 역시 인간관계 안에서만 얻을 수 있습니다. 이는 누군가와 함께 생활해야 한다는 의미가 아닙니다. 혼자 있어도 타자와 연결되어 있다고 느낄 수 있습니다. 나중에 아우렐리우스가 타자와의 연결에 관해 어떻게 생각했는지 살펴보겠지만, 사람은 혼자서는 살 수 없기 때문에 행복에 관해서 생각하는 일은 인간관계에 관해서 생각하는 일이기도 합니다.

철학과 연구는 완전히 별개의 일입니다. 철학이 명성과는 인연이 없다는 사실을 아우렐리우스는 분명히 알았을 테지요. 그런 아우렐리우스가 철학에서 멀리 떨어지는 일이 헛된 명예욕에서 지켜준다고 말하는 것을 보면서 젊은 시절, 대학에서 일하며 철학 연구를 포기하던 때의 저를 떠올리게 합니다.

어쩌면 포기라는 말은 적당하지 않은지도 모릅니다. 병상에서 몸을 움직이지 못하고, 의식까지 잃은 어머니를 바라보며, 이런 상태의 인간에게도 아직 살 가치가 있는가를 깊이 고심했습니다. 그리고 이러한 일에 관해 생각하기 위해 꼭 연구자가 될 필요는 없다고 판단했지요.

> 네가 지금 처한 상황만큼 철학하기에 적합한 상황은 없다는 사실이 얼마나 명백한가 (11·7)

앞의 인용을 읽은 뒤에 '네가 지금 처한 상황만큼 철학하기에 적합한 상황은 없다'라는 아우렐리우스의 말을 읽으면 철학으로 돌아가면 그곳에서 휴식을 취할 수 있고, 황제로서의 직무를 참을 수 있다거나 궁정에서도 잘 살 수 있다고 스스로 다독이듯 쓴 아우렐리우스의 황제로서 사는 것과 철학자로서 사는 것 사이의 갈등은 어떻게 된 것인가 하는 생각이 듭니다. 그렇지만 나중에 정신과에서 일한 경험이 있는 저로서는 아우렐리우스가 한 말의 의미가 무엇인지 알 것 같습니다.

철학에서는 행복이란 무엇인가, 어떻게 하면 행복하게 살 수 있는가를 문제 삼는데, 이 행복은 인간관계와 떨어져서는 생각할 수 없습니다. 안락의자 철학자(armchair philosopher, 실제로는 잘 모르면서 탁상공론한다는 뜻으로 쓰인다—옮긴이 주)라면 인간관계에 관해서 서재에 앉아서 생각하겠지만, 인간관계를 진짜로 이해하려면 인간관계 안으로 들어가야만 합니다.

그런 의미에서 황제로서의 궁정 생활은 아우렐리우스에게 '철학하기에 적합한 생활'이라는 생각을 하게 했겠지요.

단념할 줄 안다는 것

아우렐리우스는 황제로 살아야만 했지만, 소년 시절부터 배우던 철학 연구를 단념할 수는 없었습니다. 정치냐 철학이냐를 놓고 어느 쪽을 선택할지 고민하는 일은 거의 없겠지만, 우리 역시 상반되는 (것처럼 보이는) 두 가지(혹은 그 이상의) 선택지를 두고 어느 것을 선택할지, 혹은 어느 것을 단념할지 고민할 때가 있습니다.

어느 한쪽을 단념하는 것도 한 가지 방법이겠지요. 동시에 여러 가지를 해내는 것도 불가능하지는 않지만, 매우 어려운 일이기에 우선순위를 정해서 중요한 것을 먼저 해결하고, 시간이나 여력이 있으면 나머지를 하는 것이 현실적인 문제 해결 방법이라고 할 수 있습니다. 문제는 무엇을 우선으로 할 것이냐, 그리고 때에 따라서는 무엇을 단념할 것이냐입니다.

한 피아니스트가 난치병에 걸려 몸져누웠습니다. 병이 나으면 피아노를 치려고 했지만 3년이 지나도 낫지 않았지요. 하지만 피아노를 포기할 수는 없었습니다. 그래서 병이 다 나은 뒤에 앉아서 피아노를 칠 수 있을 때까지 기다리기를 포기했습니다. 그리고 누운 채로 칠 수 있도록 피아노를 개조했지요.

철학자 미키 기요시(三木淸)는 정말로 단념하는 것에 대해 다음과 같이 말했습니다.

"단념하는 것을 정말로 알고 있는 자만이 진정으로 희망할 수 있다. 아무것도 단념하기를 희망하지 않는 자는 진정한 희망도 품지 못한다."《인생론 노트(人生論ノート)》

희망이나 단념이나 '정말로', '진정한'이라는 말로 제한하고 있다는 사실에 주목해야 합니다. 모든 것을 처음부터 체념하고 있는 듯한 사람은 진정한 의미에서 단념하는 것이 무엇인지 모른다는 말입니다.

아무것도 단념하지 못하는 사람은 진정한 희망을 품지 못합니다. 무언가를 단념함으로써 다른 길에서 희망을 찾아내는 것,

이것은 인생의 지혜라고 할 수 있습니다.

> 변증법이나 자연철학에 통달한 자가 되려는 희망이
> 끊어졌다고 해서, 그로 인해 자유롭고 겸손하며,
> 사회적이고 신에게 순종하는 것을 포기해서는 안 된다
> (7·67)

스토아 철학은 변증법(논리학), 자연철학, 윤리학으로 구분되는데, 아우렐리우스는 앞의 두 가지에 통달하기를 포기했다고 말하고 있습니다.

불가능한 일이 불가능하다고 아는 것은 진정으로 희망하기 위해 필요합니다. 젊은 시절에는 이것도 하고 싶고 저것도 하고 싶다며 많은 희망을 품기 마련이지만, 현실에는 할 수 있는 일과 할 수 없는 일, 이루어지는 꿈과 이루어지지 않는 꿈이 있습니다. 현실을 직면하고는 하나둘 포기하는 사람도 많겠지요.

그렇지만 마지막에 남는 것이 진짜 자신이 희망하던 것이었다고 생각할 만한 인생이라면 아무리 많은 꿈을 포기했다 하더라도 결국에는 꿈을 이룬 인생이라고 할 수 있지 않을까요?

'그때 그렇게 했더라면 좋았을걸, 그걸 했더라면 좋았을걸' 하며 언제까지고 포기하지 못하는 일이 있습니다. 하지만 젊은 시절

의 희망, 꿈에 매달리며 그것을 실현하지 못했다고 계속 후회해봤자 안타깝지만 지금 인생을 낭비할 뿐이지요.

또, 때로는 오랫동안 계속해온 일이 사실은 자기가 진짜 원하던 일이 아니었다는 것을 깨닫기도 합니다. 그럴 때는 지금까지 해온 일을 그만두고 새로운 인생을 살 결단을 내릴 수밖에 없는데, 그때까지 해온 일을 쉽게 단념하기는 어렵습니다. '조금만 더 하면 어떻게든 된다, 분명 성공할 것이다' 하고 스스로 위로하지만, 속으로는 이대로는 안 될 거라는 걸 알면서도 포기하지 못합니다. 조금만 더 노력하면 어떻게든 될 거라는 희망보다는 새로운 일을 시작해도 잘 안 될지도 모른다는 두려움이 강할 때도 있습니다.

한 가지 해결 방법은 양쪽 모두 다룰 수 있도록 조정하는 것입니다. 아우렐리우스는 이를 시도해봤습니다.

즉, 철학을 학문으로써 배우는 것이 아니라 현실 생활 안에서 연구하기로 마음먹은 것이지요. 논리학이나 자연철학을 연구하는 것, 철학을 연구자로서 배우는 것을 포기하더라도 올바르게 행동하고 '사회적'인 것 즉, 타자와 관계를 맺어가면 철학을 포기하는 것은 아닙니다.

인간관계는 철학의 중요한 주제입니다. 사람과 관계를 맺지 않고 배울 수는 없습니다. 경험이 있다고 저절로 배울 수 있는 것은 아니지만(그렇다고 한다면 노인은 모두 현자겠지요), 인간관계 안에서 배울 수 있는 것, 인간관계 안에서 '만' 배울 수 있는 것도 많습니다.

우리를 지키는 것은 오직 철학뿐이다

그리스 철학자 탈레스는 어느 날, 별을 관찰하기 위해 노파와 함께 밖으로 나왔습니다. 그런데 그만 도랑에 빠지고 말았지요. 큰 소리로 우는 탈레스에게 노파는 이렇게 말했습니다.

"탈레스여, 당신은 자기 발밑도 보지 못하면서 저 하늘 위를 알 수 있다고 생각하는 겁니까?"《그리스철학자열전》.

철학자란 이 에피소드처럼 '하늘에 있는 것'을 알려고 하지만, 일반인들에게는 땅에 발이 닿아 있지 않은 현실과 동떨어진 사람이라고 비치기도 하는데, 정치 실무도 수행하면서 철학을 배운 아우렐리우스는 사색을 위해서는 현실의 인간관계 속에 있으면서 황제의 의무를 다해야 한다고 생각했습니다.

그렇지만 아우렐리우스뿐 아니라 누구라도 인간관계에서 참을 것을 강요당하거나 사고나 천재지변 등의 어려움을 겪으며 참아낼 것을 강요당하면서 눈 깜짝할 사이에 인생이 끝나버린다면 삶의 의미는 과연 무엇일까요? 이런 생각을 하는 사람은 주변 사람에게는 하늘만 올려다보고 있는 탈레스처럼 비칠지도 모릅니다.

아우렐리우스는 인생에 대해 다음과 같이 말합니다.

> 인간의 생의 시간은 점에 불과하고, 그 실체는 항구적 흐름이고, 감각은 혼탁(混濁)하며, 육체는 쉽게 썩고, 영혼은 소용돌이이며, 운명은 저울질할 수 없고, 명성은 불확실하다. 요컨대 육체와 관련된 모든 것은 흐르는 강물이고, 영혼에 속하는 모든 것은 꿈이고, 망상이다. 인생은 투쟁이며 나그네가 잠시 머물러 가는 것이다. 후세의 평판은 망각에 지나지 않는다 (2·17)

아우렐리우스의 이 말의 의미는 조금씩 살펴보겠지만, 모든 것이 변하는 불확실한 운명에 농락당하며 살 수밖에 없는 것처럼 보이는 인생에서,

> 우리를 지키는 것은 무엇인가. 그것은 오직 한 가지,
> 철학뿐이다. 철학이란 마음의 다이몬(신령)을 욕보이지
> 않고, 상처받지 않게 하며 또, 쾌락과 고통을 이겨내고,
> 무엇 하나 허투루 하지 않으며, 결코 기만과 위선을
> 행하지 않고, 다른 사람의 행함과 행하지 않음에
> 좌우되지 않는 자가 되는 것이다 (2·17)

아우렐리우스는 철학이 '우리'를 지킬 수 있다고 했는데 철학은 무엇보다도 황제로서 사는 아우렐리우스 자신을 지키는 것이었습니다. 앞에서 본 것처럼 아우렐리우스는 황제로서 살면서 동시에 철학자이고자 했습니다.

'마음의 다이몬(신령)'이란 이성을 뜻합니다. 철학은 이성을 지켜내는 것이라는 말은 철학이 없으면 이성을 지켜낼 수 없다는 뜻이기도 합니다.

'철학'이라는 말의 본래적 의미는 '아는 것[知]을 사랑한다'인데, 아는 것은 이성의 활동입니다. 그렇다면 무엇을 알아야 할까요? 바로 '선(善)'이란 무엇인가, '행복'이란 무엇인가를 알아야 합니다. 이 '선'에는 도덕적인 의미는 없습니다. 선은 '도움이 된다', 악은 반대로 '도움이 되지 않는다'라는 의미입니다.

'쾌락과 고통을 이겨내고, 무엇 하나 허투루 하지 않으며, 결코

기만과 위선을 행하지 않고, 다른 사람의 행함과 행하지 않음에 좌우되지 않는 자가 되는 것'이 행복하게 사는 것을 가능하게 합니다.

이것이 무슨 뜻인지 지금부터 조금씩 살펴보겠지만, 아우렐리우스는 이런 문제에 관한 자신의 사색을 기록해 두었습니다.

매일 쏟아지는 업무에 지칠 대로 지치고, 지금 인생에 만족하지 못해도 일하지 않으면 살아갈 수 없습니다. 그럴 때는 철학에 전혀 관심이 없는 사람이라도 '과연 일하기 위해 사는 것인가', '일하는 것보다 중요한 게 있지 않을까' 하는 의문이 고개를 들기 마련입니다.

이 의문에 대한 답을 찾기도 전에 어느 날 과로로 쓰러지게 되면 그때까지 자기가 오래 살 거라고 믿어 의심치 않았던 사람이라도 처음으로 이대로 죽는 게 아닐까 하는 불안에 휩싸이게 될 겁니다. 쉬지 않고 일해서 지칠 대로 지친 사람이라면 이대로 죽을지도 모른다는 불안은 그 이전에도 느꼈을 수도 있습니다. 그런 이에게 병으로 쓰러지는 일은 결코 청천벽력 같은 일은 아니었을 테지요.

그때 자기 인생을 돌아보고, 삶의 의미와 행복에 관해 생각하는 사람은 본래적 의미에서의 철학자 즉 '지혜를 사랑하는 사람'인 것입니다.

아우렐리우스는 다음과 같이 말합니다.

좋은 사람은 무언가를 토론하기를 딱 잘라 그만두고, 실제로 그러한 인간이다 (10·16)

토론하기를 그만두면 철학이 아니게 되지만, 실천의 철학이라 불리는 스토아 철학에서 중요한 것은 토론이 아니라 실제로 좋은 사람이 되는 것이라는 의미입니다.

그러려면 무엇을 실천하면 좋을까요. 스토아 철학의 가장 중요한 생각은 '자연과 일치하여 생활하는 것'입니다. 이것이 구체적으로 어떤 의미인지는 나중에 살펴봅시다.

3장

자신을 바라본다

아우렐리우스는 타자와의 관계를 생각할 때도 타자에게 부정이 있기에 이렇게 힘든 일을 겪는 거라며 불쾌해하거나 화를 내거나 미워하지 않았습니다. 실제로는 감정에 따라 움직이지 않기는 어렵다는 사실을 솔직하게 인정하면서도 타자의 행동에 감정적으로 반응하는 게 당연하다고는 생각하지 않았지요. 그는 무슨 일이 있어도 우선 자기 마음을 들여다보고 반성하듯 자신에게 말을 걸었습니다. 이 장에서는 자신을 들여다보는 것의 의미를 생각해봅시다.

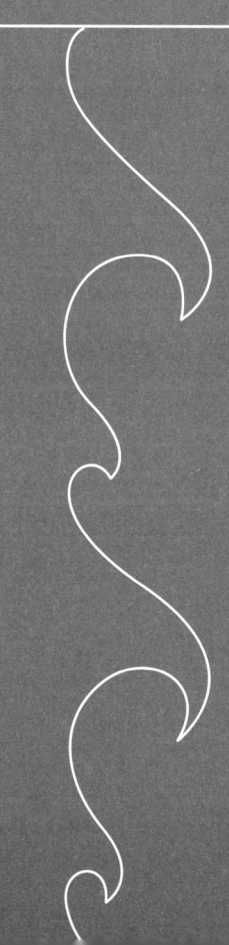

자기 마음을 바라본다

주위의 무언가에 의해 부득이 마음이 흐트러졌다면,
즉시 너 자신 안으로 돌아가 필요 이상으로 리듬에서
벗어나지 말라 (6·11)

아우렐리우스가 자기 자신 안으로 돌아가 쓴 것이 《명상록》입니다. 노트에 쓸 때뿐 아니라 마음이 흐트러지는 일이 있을 때는 항상 자기 마음 안을 들여다보라는 것입니다.

'리듬'이란 자기 삶 본래의 리듬을 뜻합니다. 살다 보면 타자에게 직접 영향을 받아 마음이 흐트러지기도 하고, 부탁하지도 않았는데 누군가가 당신의 험담을 하더라고 알려주는 바람에 괜히 마음이 동요되기도 합니다. 하지만 그런 일이 있어도 속에 있는 샘물이 마르지는 않습니다.

> 누군가가 투명하고 감미로운 샘물가에 다가와 그것을 더럽히는 말을 내뱉어도 샘물은 맑은 물을 뿜어내기를 멈추지 않는다 (8·51)

밖에서 무슨 일이 있어도 내면은 그것에 의해 해를 입지 않습니다.

> 네 안을 파라. 계속해서 파내면 항상 용솟음쳐 나올 선의 샘물이 있다 (7·59)

행복하기를 바라지 않는 사람은 없습니다. 행복을 바라지 않거나 불행을 바라는 선택지는 없다는 말입니다. 그런데도 행복할 수 없는 이유는 무엇일까요. 자신에게 있어서 무엇이 선인지, 무엇이 행복인지를 모르기 때문입니다. 그것을 알려면 이성을 올바르게 작동시켜야만 합니다. 그러기 위해서 자기 안을 파고, '선의 샘물'을 찾아내지 않으면 안 됩니다.

   자신이 불행하다고 생각하는 사람은 불행의 원인을 바깥에서 찾습니다. 관계에 대해서 말하자면 타자가 자신에게 해를 입혀서 불행해진다고 생각합니다. 하지만 샘물은 그런 일이 있어도 마르지 않습니다. 요즘 같은 시대에도 경제적인 문제 때문에 불우한 인생을 보내는 사람이 많은 것은 사실입니다. 그것은 분명 정치의 문제이며 요즘 세상에는 불합리한 일도 많습니다. 그런 불합리한 현실에 눈을 감고 견디는 것이 좋을 리는 없습니다.

   하지만 자신이 불행의 원인을 밖에서 찾고 있을지도 모른다는 사실을 항상 염두에 두지 않으면 안 됩니다. 원인을 밖에서 찾는다고 할 때의 '밖'이란 자신이 아닌 누군가나 무언가를 뜻합니다.

   외부적인 원인은 쉽게 찾을 수 있습니다. 하지만 그것은 진정한 원인이 아닙니다. 교사는 학생에게 문제가 있으면 학부모에게서 원인을 찾습니다. 부모는 아이에게 문제가 있을 때 교사에게서 원인을 찾습니다. 정확하게는 찾고자 하는 것이지요. 교사는 수업을 들으려고 하지 않는 것은 가정에서 훈육을 잘못한 탓이라고 생각할지도 모르지만, 부모는 아이가 밤늦게까지 잠을 자지 않는다고 해서 그것을 교사 탓으로 돌릴 수는 없다는 사실을 알고 있습니다. 할머니 할아버지가 오냐오냐한 탓이라고 말하고 싶은 부모도 있을지 모릅니다.

인간관계가 잘 풀리지 않는 것에서 자기 불행의 원인을 찾는 사람도 있습니다. 이때 대부분은 자신이 아닌 타자에게 문제가 있다고 생각하겠지요. 설령 그렇다고 하더라도 타자를 바꿀 수는 없습니다. 자신이 바뀔 수밖에 없지요.

자기 안으로 눈을 향하게 한다는 것의 한 가지 의미는 무엇이 선인지를 지적으로 탐구한다는 것이고 또 한 가지 의미는 지금 이야기한 것처럼 자신 이외의 것에서 문제의 원인을 찾으려 하지 않는 것입니다. 인간관계에서도 밖에서 일어나는 사건에서도 자신을 해하는 일은 없습니다. 물론 상대방에게 문제가 있을 때도 있겠지만, 우선은 자기가 할 수 있는 일이 없는지를 생각해보아야 합니다.

인간관계 때문에 마음이 어지러워지는 일이 있어도, 눈을 밖으로 돌리지 않는다면 그만큼 자신의 리듬을 되찾을 수 있습니다.

> 사람은 시골이나 해변, 또는 산에 자신이 틀어박힐
> 장소를 원한다. 너 역시 그런 장소를 늘 원해왔다.
> 하지만 언제라도 자기 안에 틀어박힐 수 있기에
> 이런 소망은 더없이 어리석다. 인간에게 자기 자신의
> 영혼 안보다 정밀하며 번거로움이 적은 장소는 없기
> 때문이다. 자기 내면을 지그시 들여다보기만 해도 즉시
> 안락해질 수 있는 사람에게는 더욱 그러하다. 내가

> 말하는 안락함이란 좋은 질서를 뜻한다. 그러므로
> 끊임없이 자기 자신에게 틀어박힐 수 있는 장소를
> 제공하라. 그리고 너 자신을 새롭게 하라 (4·3)

때로는 인간관계에 지치고 상처받았을 때, 어디로 나가지 않아도 자기 자신 안에 틀어박혀 그곳에서 푹 쉴 수 있다면 마음의 평정을 얻을 수 있습니다.

또 하나 생각하지 않으면 안 되는 것이 있습니다. 그렇다고 아우렐리우스가 타자에게서 떨어져 살 것을 장려하고 있는 것은 아니라는 사실입니다. 실제로 아우렐리우스는 철학자로 살고 싶어 했지만, 황제로 살지 않으면 안 되었습니다. 황제로 살고 싶지 않아도 자기 의무를 다하지 않으면 안 된다고 생각했지요.

황제가 아니라 누구라도 사람들에게서 떨어져서 은둔자로 살수는 없습니다. 일을 해야 하고, 가정에서는 가사와 육아를 해야 합니다. 항상 누군가와의 관계 안에서 살 수밖에 없습니다.

하지만 밤낮없이 일상의 업무에만 몰두하면 자기 자신을 잃어버리게 됩니다. 아무리 혹독한 환경 속에서 힘든 일을 하고 있더라도 의지가 되는 무언가가 필요합니다. 그것을 밖이 아니라 자기 마음 안에서 구하면, 마음의 평화를 되찾을 수 있습니다.

다만, 이는 참으면 된다거나 모든 건 마음먹기에 달렸다거나 하는 의미가 아닙니다. 고용주가 직원에게 밖에서 불만의 원인을 찾을 게 아니라 자기 안에서 휴식하라고 말할 수는 없겠지요. 고용된 사람은 좋지 못한 환경에서 강요되는 힘든 일에 대한 개선을 요구할 수 있습니다. 고용자는 노동 환경을 개선하기 위해 노력해야 합니다.

또, 정치가가 현재 상황에 만족하고 살라는 식의 발언을 한다면 문제가 될 겁니다. 세상에는 수많은 부정과 불합리한 사건이 일어납니다. 그런 가운데서도 살아가지 않으면 안 되기에 우리는 공분과 분노를 느낍니다. 때로는 불합리한 것이 당연하다는 전제 조건 아래서, 눈을 자기 마음 안으로 향하게 하고 평정을 얻기 위해 노력해야 할 때도 있습니다.

이를 항상 염두에 두면서 자신이 할 수 있는 일이 없는지를 생각해야만 합니다. 이것도 '안을 판다'라는 말이 뜻하는 것입니다. 밖에서 영향을 받지 않으려고 안으로 파고들면 마음의 평화를 얻기는커녕 편안한 마음으로 있지 못하게 될지도 모릅니다.

> 타인의 마음에 무슨 일이 일어나고 있는지 신경 쓰지 않는다고 해서 불행한 사람은 거의 없다. 그러나 자기 마음의 움직임에 끊임없이 신경을 쓰지 않는 사람은 반드시 불행해진다 (2·8)

타인의 마음을 전혀 신경 쓰지 않을 수는 없습니다. '남이 어떻게 생각하든 나한테는 상관없는 일이다. 내가 하고 싶은 걸 하면 된다. 나의 어떤 말이나 행동으로 인해 미움을 받아도 상관없다'라고 말하면 곤란합니다.

아우렐리우스가 말하는 것과는 반대로, 타인의 마음에 무슨 일이 일어나는지를 신경 쓰지 않으면 사람들과 점점 멀어지고, 그로 인해 불행해집니다.

다른 사람의 마음 같은 건 전혀 신경 쓰지 않는 사람이 많다고는 생각하지 않습니다. 오히려 대부분은 타인이 자신을 어떻게 생각할지 신경 쓰고, 자기 언동이 다른 사람에게 어떻게 받아들여질지 의식합니다. 고의로 다른 사람에게 상처를 줘도 된다고 생각하는 사람은 없겠지요.

그렇게 마음먹어도 남에게 상처를 주는 일이 있지만, 타인의 마음을 지나치게 의식하면 하고 싶은 말, 꼭 해야 하는 말을 하지 못하게 됩니다.

하지만 타인이 어떻게 느끼고 있는지, 자신의 언동을 어떻게 받아들였는지까지는 알 수 없는 것이 사실입니다. 타인이 어떻게 느끼는지는 같은 상황에서 자기라면 어떻게 느낄지를 생각해 추측할 수밖에 없는데, 자신과 다른 사람은 같지 않기 때문에 같은 일을 경험했다고 해서 다른 사람도 자신과 똑같이 느낀다는 보장은 없습니다. 오히려 그렇지 않을 가능성이 더 크겠지요.

자기 마음의 움직임에 주의를 기울이는 일은 자신이라면 이렇게 느낄 거라고 타자에게 공감하기 위해 필요하지만, 예를 들어 자신은 이런 일이 있으면 분개할 테니 상대도 그럴 거라고 생각해서 걱정하고 있었더니, 상대방은 아무렇지 않아 할 수도 있습니다. 하지 않아도 될 걱정은 사람을 불행하게 만듭니다. 그런 의미에서는 다른 사람이 뭘 느끼고, 생각하는지를 지나치게 신경 쓰거나 혼자 오해하면 불행해질 수 있습니다.

알 수 없는 것은 타인의 마음의 움직임뿐만이 아닙니다. 타인의 마음의 움직임을 알 수 없는 것처럼 자기 마음의 움직임도 반드시 안다고는 할 수 없습니다. 많은 사람은 자신이 무엇을 위해 어떤 행동을 했는지 모르기도 합니다. 아니, 모를 때가 더 많을 겁니다. 하지만 자신을 이해할 수 있느냐는 차치하더라도 '자기 마음의 움직임'에 관심을 가져야 합니다.

이제 감정에 관해 아우렐리우스가 어떻게 생각하는지를 살펴봅시다. 감정적으로 되었을 때, 자기 안에서 무슨 일이 일어나는지를 알면 마음이 흐트러지는 일이 없어집니다.

난공불락의 정신적 요새

정념으로부터 자유로운 정신은 튼튼한 요새와 같다.
왜냐하면 인간은 이것보다 더 나은 난공불락의
안식처를 갖지 못하고, 그곳으로 대피하면 그 후로는
흔들림 없는 자로서 살아가게 되기 때문이다. 그
때문에 이를 알지 못하는 자는 무지하며, 보면서도
피신하지 않는 자는 불행하다 (8·48)

분노와 증오 등의 정념으로부터 자유로워질 수 있으면 주위 사람의 말이나 행동 때문에 마음이 복잡해지거나 화낼 일이 없어집니다. 또, 타자가 저지른 잘못이 무지에 의한 것이라고 볼 수 있으면 화를 내지 않고 넘길 수 있습니다.

4장

감정과 어떻게 마주할 것인가

정념으로부터 자유로워지기란 쉽지 않지만, 자기 안에 난공불락의 요새가 있다는 사실을 알고, 정념으로부터 자유로워지기 위해 노력하는 사람과 그러지 않는 사람은 마음 자세가 매우 달라집니다. 이 장에서는 실제로 어떻게 감정을 다루면 좋을지 생각해봅시다.

평정심의 힘

분노나 증오, 혹은 슬픔 따위의 감정은 자신을 향한 타자의 언동이나 가족, 친구 등 친한 사람과의 이별 등에 의해 일어납니다. 스토아 철학에서는 그러한 외부로부터의 작용에 의해 영향을 받아서 마음에 파도가 일어나는 것을 억제하고, 분노나 슬픔 가운데 있더라도 자신을 잃어버리지 않고 마음의 평안을 유지하는 일이 행복이라고 생각합니다.

아우렐리우스는 정념으로부터 자유로워진 마음 상태를 '아파테이아(apatheia, 평정심)'라고 말합니다. 아파테이아란 '파토스

(pathos)가 없다'라는 의미입니다.

> 분노가 치밀 때 (신조, 원칙으로써) 곁에 두어야 할 것은
> 분개하는 것이 남자다운 것이 아니라, 침착하고
> 온화한 것이 인간적인 것처럼 더 남성적이기도 하다는
> 생각이다 (11·18)

'곁에 둔다'라는 것은 스토아 철학의 사상을 행동 지침으로 삼는다는 의미입니다. 요즘 같은 시대에도 호통치는 것, 혹은 큰소리로 상대를 비난하거나 힘으로 제압하는 것이 남자다운 것으로 생각하는 사람이 있습니다. 그게 멋있다고 착각하는 것이겠지요. 물론 그런 착각은 남성만 하는 것이 아닙니다.

갑질이 사회문제가 되는 만큼 대놓고 화내는 사람이나 주먹을 휘두르는 사람은 확실히 적어졌지만, 교육이나 훈육을 위해서는 혼을 낼 필요가 있다고 생각하는 사람은 아직도 많은 것 같습니다.

하지만 아우렐리우스는 감정적으로 처신하지 않고, 침착하고 온화하게 처신하는 것이 남성적이라고 말합니다. 이것 역시 남성에게만 해당하는 말은 아닙니다. 침착하고 온화한 것이 '인간적'인 것이지요.

이 문장은 다음과 같이 이어집니다.

강함과 체력과 용기는 그러한 사람에게 갖춰지는 것이며, 분개하고 불만을 품는 사람에게는 없다. 왜냐하면 그것(위와 같은 마음가짐)은 평정심(아파테이아)에 가까우면 가까울수록 힘에도 가까운 것이기 때문이다. 또, 슬픔이 약자에게 늘 있는 것처럼 분노도 약자에게 늘 있다. 양쪽 모두(슬퍼하는 사람과 분노하는 사람)가 상처받고 굴복하고 만 것이다 (11·18)

슬픔이 약자에게 늘 따른다고 단정하면, 부모님을 잃고 슬픔에 빠진 사람은 약하기 때문에 슬퍼하는 것이 아니라고 반발하고 싶어질 겁니다. 오히려 그런 상황에서 슬퍼하지 않는 게 문제가 될 때가 있습니다. 슬픔을 아무 때나 발산하는 것이 좋다는 말은 아니지만, 죽음이 어떤 것이든 그것이 이별이라는 사실에는 틀림이 없기에 슬프지 않을 수 없지요.

아우렐리우스가 말하는 것처럼 슬퍼하는 사람이 약자인 것이 아니라 부모님을 잃은 사람에게 이별이 슬픈 것은 당연합니다. 하지만 언젠가는 슬픔에 빠져 자기 자신을 잃어버린 상태에서 회복하지 않으면 안 됩니다.

이 세상을 떠난 사람도 남겨진 사람이 언제까지고 아무것도 하지 못한 채 슬픔에 빠져 있는 것을 기뻐하지는 않을 겁니다. 조금씩 원래의 생활로 돌아가서 일도 할 수 있게 되었다는 사실을 고인이 알 수만 있다면 오히려 기뻐하겠지요.

그렇지만 평정심(아파테이아)의 상태, 슬픔에 관해 말하자면 어떤 일이 있어도 슬퍼하지 않는 것을 이상적으로 봅니다. 부모님의 죽음 등을 예로 생각하면 이해하기 어렵지만, 누군가에게 심한 말을 들었다고 해서 반드시 슬픈 기분이 들지는 않습니다. 슬픔에 굴복해서 상처받을 필요는 없습니다. 슬퍼하는 일도 포함해서 바깥에 있는 것이나 다른 사람에 의해 해를 입는 것이 아니라는 것에 관해서는 나중에 다시 살펴보겠습니다.

약자에게는 늘 분노가 있다는 아우렐리우스의 지적 역시 금방은 이해되지 않을지도 모릅니다. 평정심에 가깝다는 표현, 그것에 가까우면 가까울수록 힘에도 가깝다는 표현에서 분노의 정념에서 벗어나기 어렵다는 사실을 아우렐리우스가 인정하고 있다는 사실을 알 수 있는데, 분노에 굴복하는 것이 당연하다고는 생각하지 않습니다. 자기도 모르게 욱해서 화를 내고 말았다는 말은 변명에 지나지 않습니다. 힘이 있는 사람은 분노로 내달려 그것에 굴복하지 않습니다.

화를 내봤자 쓸데없다

네가 분노를 터뜨린다고 할지라도 그들은 같은 행동을 할 것이다 (8·4)

그들이 누구인지는 특정하지 않았지만, 분노의 대상이야 주위에 얼마든지 있겠지요. 그런데 분노를 내던지면 어떻게 될까요? 혼이 날까 봐 두려워 문제 행동을 그만두는 사람이 있습니다. 그런 의미에서 분노에는 즉효성이 있지요. 하지만 같은 일이 반복됩니다. '그들은 같은 행동을 할 것이다'라는 말은 그런 뜻입니다.

즉효성은 있어도 상대가 행동을 개선하지 않으면 분노를 터뜨리는 것은 유용하지 않습니다. 화내는 사람은 조금 더 화를 내면 상대가 마음을 고쳐먹고 행동을 개선하지 않을까 하는 희망을 버리지 못해서 화를 내지만 효과는 그때뿐, 같은 일이 반복됩니다.

화를 내면 상대는 슬슬 대들기 시작합니다. '화를 냈음에도' 같은 행동을 하는 것이 아닙니다. 화를 터뜨렸기 때문에 같은 행동을 하는 것입니다. 상대가 잘못된 행동이나 말을 할 때도 분명히 있겠지요. 그럴 때는 올바르지 못하다고 지적하면 그걸로 됩니다. 이에 관해서는 뒤에서도 생각해보겠지만, 어쨌든 화를 낼 필요는 없습니다.

쉽게 분노를 터뜨리면 관계가 멀어집니다. 만약 이쪽이 하는 말이 옳지 않다고 생각하면 행동을 개선하려고 하지 않을 겁니다. 만약 옳다고 하더라도 자기 잘못을 인정하고 싶지 않아서 분노를 폭발시키며 행동을 개선하려고 하지 않겠지요. 온갖 욕설을 주고받다가 나중에는 서로 왜 화를 내기 시작했는지조차 모르게 되고 맙니다.

> 복수를 하는 최고의 방법은 자신도 같은 사람이 되지 않는 것이다 (6·6)

아우렐리우스는 복수를 권하지 않습니다. 상대가 화를 낸다고 해서 똑같이 하면 안 된다고 말하는 겁니다. 상대의 도발에 응해봤자 아무런 문제 해결이 되지 않습니다. 화를 내지 않고 권력 싸움을 그만둘 수밖에 없습니다. 권력 싸움을 그만둔다는 말은 자신의 올바름을 고집하지 않는다는 말입니다. 자신이 옳고 상대가 틀렸다고 생각하면서 누가 옳은지를 분명히 가려야 한다고 생각하는 한은 설령 감정적으로 대응하지 않는다고 하더라도 권력 싸움을 하는 것입니다. 상대와 똑같이 화를 내지 않으려면 어떻게 하면 좋을까요?

고고하게 살아간다

끊임없이 파도가 밀려와 부딪히는 바위와 같아라.
바위는 엄숙히 서 있고, 물거품은 그 주위에서 잠든다
(4·49)

누군가가 나에게 어떤 행동을 하거나 말을 하더라도 '나'라는 바위에 몰아치는 파도의 물거품 같은 것이라고 생각하면 그만입니다. 엄숙하게 서 있으면 시기, 질투, 근거 없는 비판이나 비난이 들려와도 언젠가 파도는 가라앉고 잠잠해집니다.

분노와 미움의 감정을 가지지 않기는 어렵다고 생각하는 사람도 적지 않겠지요. 화를 내서는 안 된다는 사실을 알아도 자기도 모르게 욱했다거나 남에게 친절하게 굴지 못했다는 말은 앞에서 본 것처럼 변명, 핑계에 불과합니다. 상대방에 대한 순간적인 분노가 너무 강해서 그것에 굴복할 수밖에 없었던 것뿐이지 평소 자신은 이성적이고 화를 내지 않는다는 식으로 말이지요.

사실은 화를 내는 것으로는 아무런 문제도 해결하지 못한다는 사실을 몰랐던 것뿐입니다. 화를 내는 것에 관해 이야기하자면 아우렐리우스는 분노는 억제하고 컨트롤해야 하는 것이 아니라고 생각했습니다. 분노는 '도움이 되지 않는 것'이고, 선이 아니라는 사실을 진정으로 깨달으면 분노로부터 자유로워질 수 있다고 보았지요. 요새나 바위도 정념으로부터 자유로워진 자신을 그리며 떠올린 비유였을 겁니다.

일단 깨달았다고 생각해도 그 이해가 지속되지 않는 경우도 있습니다. 아우렐리우스도 마찬가지여서 주위 사람이 어떤 실수를 저질렀을 때 그것에 대해 질책하는 일도 있었을 겁니다.

어떻게 행동해야 하는지 생각하고 있지 않으면 평정심을 가질 수 없습니다. 아무것도 하지 않고 폭풍우가 지나가기만을 기다리라고 아우렐리우스가 권하고 있는 것처럼 보이지만, 그렇지 않습니다.

화내지 말고 가르쳐라

사람들이 자신에게 어울리고 도움이 되는 것으로
보이는 일을 향해 나아가기를 막는 것은 얼마나
잔혹한 일인가. 네가 그들은 잘못을 범하고 있다고
분개한다면 너는 어떤 의미에서 그들이 추구하는 것을
막는 것이다. 너는 그렇지 않다고(도움이 되지 않는다)
말할 것이다. 그렇다면 화내지 말고 가르쳐라. 그리고
올바른 것을 일러주어라 (6·27)

누구나 '도움이 되는 일'을 향해 나아갑니다. 그것이 자신에게 어울리고 도움이 될 것으로 '보이는' 일이어도 실제로 도움이 되는지는 알 수 없습니다.

잘못이 아니라 하더라도 젊은 사람이 하려고 하는 일이 도움이 되지 않을 거라는 사실을 주위 어른은 금방 알아차릴 때가 있습니다. 그렇더라도 처음부터 못 하게 하는 것은 '얼마나 잔혹한 일인가'라고 아우렐리우스는 말합니다. 어떤 부모는 아이가 그리는 인생이 무모하고, 십중팔구는 실패할 거라고까지 생각합니다.

그리고 아이에게 미래 계획을 듣고는 할 말이 없어져서 이렇게 말했다고 합니다. "나는 네가 무슨 일을 하려는 건지 이해할 수가 없구나. 다만 네가 틀렸다는 것만은 알겠다." 물론 부모가 이해할 수 없다고 해서 반드시 잘못된 일이라고 할 수는 없습니다.

아우렐리우스는 '그들은 잘못을 범하고 있다고 분개하는 것' 뿐이라면 그들이 자신에게 어울리고 도움이 된다고 생각하는 일을 하는 것을 용서하게 되고 그 때문에 잘못이라고 생각한다면 화내지 말고 '가르쳐라. 그리고 보여줘라'라고 말하는 것입니다.

화만 내면 인정하는 꼴이 된다는 것은 흥미로운 지적입니다. 그저 화만 내면 아무 소용이 없습니다. 상대가 알아듣느냐 마느냐가 가장 중요하기 때문에 당신이 잘못하고 있는 이유를 알려주고 어떻게 하는 게 좋을지를 전달해야 합니다.

어린아이는 혼이 나도 자신이 혼나는 이유를 모를 때가 있습니다. 그렇다면 혼내는 의미가 없습니다. 어른은 상대가 화를 내면 왜 화를 내는지 압니다. 자신이 한 일이 어떤 일인지 알기 때문입니다. 젊은이라면 대학에 가지 않겠다거나 지금 하는 일을 그만두겠다는 등의 말을 부모님께 꺼내면 부모님이 반대하시리라는 것쯤은 말하기 전에도 알겠지요.

그렇다고 화만 낸다면 부모는 아무것도 안 하는 것이나 마찬가지입니다. 감정적으로 굴지 말고, 네가 하려는 일은 잘못되었다고 전해야 하는데, 전달을 제대로 했다 하더라도 애초에 부모의 생각이 잘못되었을 수도 있습니다. 대부분 잘못되었다고 해도 과언이 아닙니다.

지금 든 예로 보자면 중요한 것은 부모가 아이의 인생에 관심이 있고, 아이가 실수를 저지르는 것을 팔짱 끼고 보고 있고 싶지 않다는 마음을 전달하는 것입니다. 아이의 인생이기에 부모라고는 해도 본래 참견할 수는 없지만, 아이가 부모의 의견도 참고하면서 자기 인생의 진로를 결정하도록 도움을 줄 수는 있습니다. 이것이 '인간은 협력하기 위해 태어났다'는 아우렐리우스의 말의 의미입니다.

아우렐리우스가 하는 말을 일반적인 이야기로 치환하자면 화를 내는 것은 그저 반발을 초래할 뿐입니다.

상대가 감정적으로 반응한다면 화만 낼 것이 아니라 가르쳐 달라고 해야 합니다. 또, 아우렐리우스는 상대가 화를 냈을 때, 똑같이 해서는 안 된다고 말하는데, 그럼에도 분노를 느끼거나 분노는 아니더라도 불쾌한 기분이 든다면 '지금 당신의 말투에 몹시 화가 났다'라거나 '당신에게 상처받았다'라고 말할 수는 있습니다. 이를 전달하기 위해 꼭 화를 낼 필요는 없지요.

화를 내는 사람은 그렇게 해야 상대방이 자신의 주장을 받아들인다고 생각합니다. 그 말에도 일리는 있어서 상대방은 두려운 마음에 화를 내는 사람이 하는 말을 받아들입니다. 화내는 사람에게 굴복하면 그 사람은 또 다음 기회에도 같은 행동을 합니다. 따라서 화내는 사람이 있으면 그 사람의 분노에 주목할 것이 아니라 지금 화를 내는 이 사람이 전달하고자 하는 것이 무엇인지에 주목해야 합니다.

> 인간은 서로를 위해 태어났다. 그러니 가르쳐라. 그게 어렵다면 견뎌라 (8·59)

'그게 어렵다면 견뎌라'라는 것은 그저 화를 내지 말고 견디라거나 참으라는 의미가 아니라 잘못을 가르칠 수 없다면 화를 내지 말고 견디라는 뜻입니다.

아우렐리우스는 인간이 협력하며 산다고 생각했는데, 협력 안에는 모르는 것이 있으면 서로 가르쳐주는 것도 포함되어 있습니다.

> 가능하다면 가르쳐서 새롭게 하라. 하지만
> 불가능하다면 네게 이것(타자의 잘못)에 대한 관용이
> 주어져 있다는 사실을 기억하라 (9·11)

사람이 무슨 짓을 해도 그에 대해 관용을 베풀 수 있으면 좋겠지만, 아우렐리우스가 처음부터 관용을 베풀라고 하는 건 아닙니다. 고의로 잘못을 저지른 것이 아니라면 우선 가르쳐주어야 하는데, 자신은 결코 잘못을 범하는 않는 사람이 아니라 자기 역시 같은 입장에 놓이면 잘못할 수 있다는 사실을 안다면 관용을 베풀 수 있습니다.

그때 감정적일 필요는 없습니다. 가르칠 때 분노의 감정은 필요하지 않습니다.

아무것도 바라지 않는다

누군가에게 친절하게 대했을 때, 그 사람에게 계산서를 내미는 사람이 있다. 다른 사람은 계산서는 내밀지 않더라도, 상대를 마음속에서 채무자로 여기며 자신이 한 일을 의식한다. 그러나 어떤 사람은 자신의 행위를 의식하는 일 없이, 자신이 무엇을 했는지조차 알지 못하니, 열매를 내주고는 그 이상 아무것도 바라지 않는 포도나무와 닮았다. 포도나무가 때가 되면 다시 열매 맺는 일로 옮겨가는 것처럼 다른 사람에게 친절을 베풀어도 큰 소리로 떠들지 않고, 다른 일로 옮겨간다. 또 달리는 말, 사냥감을 쫓는 개, 꿀을 모으는 꿀벌처럼 선행을 베푼다 (5·6)

어린 시절부터 칭찬받으며 자라면 어른이 되어서도 자신이 한 일을 누군가에게 칭찬받고 싶어지고, 적어도 누군가 알아주기를 바라게 됩니다.

자신이 한 일을 아무도 알아주지 않으면 언짢아 하거나 화를 내지요. 포도나무처럼 열매를 맺은 뒤, 아무것도 바라지 않을 수가 없습니다. 자신에게 감사하지 않는 사람에게 분노를 느끼는 데서 그치지 않고 원망까지 하는 사람도 있습니다.

자기가 누군가에게 해준 일은 절대로 잊지 않는 사람도 있습니다. 감사를 받기 위해 은혜를 베푸는 사람은 자신이 다른 사람에게 해준 일은 잊지 않으면서 다른 사람이 잘해준 일은 금세 잊어버립니다. 감사를 받으면 기쁘지만, 감사를 받기 위해 다른 사람에게 친절을 베푸는 것은 어딘가 잘못된 것 같습니다.

저는 중학교 때 교통사고를 당한 적이 있습니다. 자전거를 타다가 오토바이와 정면충돌하고 말았지요. 나중에 그 현장에 있었다는 사람이 우리 집을 찾아왔습니다. 그 사람은 '내가 구급차를 불렀다'고 밝혔답니다. 재빨리 구급차를 불러준 것은 고마운 일이지만, 그 사람을 응대하던 어머니는 그가 사례비를 받기 위해 찾아왔다는 사실을 금세 간파하고, 좋은 말로 돌려보냈다고 합니다.

곤경에 처한 사람이 있으면 도움이 되고 싶다고 생각하는 게 당연합니다. 전철 안에서 몸이 안 좋아 보이는 사람이 있으면 누구든 그 사람이 어떤 사람이냐에 상관없이 도움을 주려고 하겠지요. 그런데 도움을 받은 사람이 나중에 도와준 사람에게 감사를 표하고 싶다며 도와준 이를 찾는 일은 있어도 도와준 사람이 자신이 도와줬다며 먼저 나서서 돈을 요구하는 것은 아무래도 이상하지요.

긴급 상황뿐 아니라 평소에 이렇게 하겠다고 정해두면 고민할 일은 없습니다. 즉, '나는 다른 사람에게 도움을 받으면 잊지 말고 감사하자. 하지만 내가 남에게 감사받을 것을 기대하지 말자. 다른 사람이 내가 한 일에 관해서 아무 말도 하지 않더라도 신경 쓰지 말자'라고 정해두는 것입니다. 신경 쓰지 않겠다고 의식하고 있다는 사실까지 인정해주기를 바라는 마음에 사로잡혀 있겠지만 말입니다.

자신이 한 일을 인정해주지 않는 것에 대해 불만스럽게 생각하는 이유는 모든 일을 '기브 앤 테이크'의 잣대로 바라보기 때문입니다. 철학자 미키 기요시가 이런 말을 했습니다.

"우리 생활을 지배하는 기브 앤 테이크의 원칙은 기대의 원칙이다. 주는 것에는 얻는 것이, 얻는 것에는 주는 것이 기대된다. 그것은 기대의 원칙으로서 결정론적인 것이 아니라 오히려 확률론적이다. 이러한 인생은 개연적인 것 위에 성립되어 있다. 인생에서는 개연적인 것이 확실한 것이다."《인생론 노트》)

기브하면 반드시 테이크할 수 있는 것은 아닙니다. 우리가 할 수 있는 것은 '기대'뿐입니다. '기브한 것은 반드시 돌아온다, 돌아오지 않으면 안 된다'라고 생각하는 이기주의자에 대해 미키 기요시는 다음과 같이 말합니다.

"이기주의자는 기대하지 않는 인간이다. 따라서 신용하지 않는 인간이라고도 할 수 있다. 그런즉 그는 항상 남을 의심하는 마음 때문에 괴로워한다. 기브 앤 테이크의 원칙을 기대의 원칙이 아닌 타산의 원칙으로 생각하는 것이 이기주의자다."《인생론 노트》)

기대하지 않는 인간은 내어주면 돌아올 것이라고 생각하지 못하는, 혹은 그렇게 생각하지 않으려는 사람을 말합니다. 내어주면 자기는 손해를 본다고밖에 생각하지 못합니다. 그 때문에 이기주의자는 내어주지 않습니다.

친절은 보통 기대나 신용이라는 단어를 사용할 필요가 없는 당연한 일입니다. 아우렐리우스가 말하는 친절은 어떤 것일까요? 예를 들어 갑작스럽게 비를 만난 사람에게 남는 우산을 빌려준다고 해봅시다. 그때 아무 말도 하지 않아도 며칠 후에는 우산을 돌려받을 것이 기대되고, 설령 빌려준 우산이 돌아오지 않더라도 잊어버리고 돌려주지 않는 사람도 있게 마련이라며 넘기게 마련입니다. 일일이 언제 누구에게 우산을 빌려주고 언제 반납했는지를 기록하지는 않겠지요.

하지만 이기주의자는 그런 발상을 하지 못하거나 하려고 하지 않습니다. '기대하면 손해를 본다, 신뢰하면 배신당한다'라고 생각하기 때문에 사람을 신뢰하지 못합니다. 인간관계는 사람을 신뢰하지 않고는 성립하지 않는데, 그들은 상대를 신뢰하지 않고 받는 것만 생각합니다. 그래서 항상 시의심(猜疑心)에 사로잡혀 있습니다.

내어주면 돌아올 때가 있는가 하면 돌아오지 않을 때도 있습니다. 드물게 돌아오지 않는 일이 있어도 괜찮다는 '기대의 원칙'이 사회를 성립시킵니다. 그런 발상을 하지 못하는 사람, '타산의 원칙'에 따라 움직이는 사람은 자신이 손해를 볼까 봐 항상 불안해합니다.

단순한 이기주의자는 거의 없겠지만, 타산적인 사람은 적지 않은 것 같습니다. 타산적인 사람은 타인이 무언가를 하면 그에 상응하는 대가가 있을 거라 생각하고, 그 대가에 어울리는 정도의 일밖에 하지 않으며, 대가가 없으면 화를 냅니다.

하지만 무언가를 했을 때 반드시 대가가 있는 건 아니지요. 그것이 당연하다고 생각하는 편이 건전하며, 모든 것을 타산으로 나누려 하는 데에는 무리가 있습니다.

타산적인 사람이 되지 않으려면 어떻게 생각해야 할까요? 미키 기요시는 다음과 같이 덧붙입니다.

"인간이 이기적인지 아닌지는 그 수취 계산을 얼마나 먼 미래로 연장할 수 있는가의 문제다. 하지만 이 시간적인 문제는 단순한 타산의 문제가 아니라 기대의, 상상력의 문제다."《인생론 노트》

수취(受取) 계산이란 부여하고 받을 수 있다고 기대할 수 있는 보답을 뜻합니다. 이기주의자는 먼 미래까지 계산을 기다리지 못합니다. 지금 당장 받지 못하면 손해 본 기분이 들지요. 보통 사람이라면 돈은 돌고 도는 것이라거나 남에게 인정을 베풀면 반드시 내게 돌아온다고 생각하고 수취 계산을 연장할 수 있는데, 이기주의자는 그러지 못합니다.

이런 유형은 어떻게 하면 다른 사람에게 도움이 될까 보다는 자신이 한 일을 다른 사람에게 인정받을 수 있을지 없을지에만 관심이 있습니다. 자신에게만 관심이 있지요.

아들러는 이러한 '자신을 향한 관심(self interest)'을 '타자를 향한 관심(social interest)'으로 바꿔야 한다고 말합니다. 이 타자를 향한 관심은 아들러 심리학의 중심 개념인 '공동체 감각'을 말합니다.

어느 추운 겨울밤, 아들러가 눈을 떴습니다. 그리고 담요 한 장이 더 덮여 있는 걸 알게 되었습니다. 아들러는 아내가 담요를 덮어준 줄 알았는데, 실제로 담요를 덮어준 사람은 딸인 알렉산드라였습니다.

알렉산드라는 아버지에게 말했습니다.

"아버지가 기침하시는 소리가 들려서, 감기에 걸리실까 봐 담요 한 장을 더 가지고 왔어요."

이러한 타자를 향한 관심 즉, 공동체 감각은 이른바 숨겨진 공동체 감각이라고 할 수 있습니다. 아우렐리우스는 자신의 행위를 의식하지 않는 사람 즉, 그것이 다른 사람에게 어떻게 보일지를 생각하지 않는 사람을 '열매를 내주고는 그 이상 아무것도 바라지 않는 포도나무'에 비유합니다.

저는 이 내용을 읽고 미키 기요시가 썼던 다음과 같은 문장이 떠올랐습니다.

"물질이 진정으로 표현적인 것으로써 우리에게 다가오는 것은 고독에 있어서다. 그리고 우리가 고독을 넘어설 수 있는 것은 그 부름에 응답하는 자기의 표현 활동에 있어서뿐이다. 아우구스티누스는 식물은 인간이 봐주기를 바라며, 봐주는 것이 그것에게는 구제라고 했는데, 표현하는 것은 물질을 구원하는 것이며 물질을 구원함으로써 자기를 구원하는 것이다."

식물이 정말로 인간이 봐주기를 바라는지는 알 수 없습니다. 포도가 열매를 맺으면 그 이상은 아무것도 바라지 않는 것처럼 다른 식물도 열매를 맺고, 꽃을 피우면 그 이상 아무것도 바라지 않을지도 모르지만, 가능하다면 존재를 눈치채고 꽃을 사랑하고, 물이 부족하지 않도록 마르기 전에 물을 주어야 합니다.

남이 나를 평가할 때

무릇 아름다운 것은 그 자체로 아름답다. 찬사를 자신의 본질적 성분으로 갖지 않고 그것 자체로 완결한다. 고로 찬사에 의해 더 나아지지도, 더 나빠지지도 않는다 (4·20)

찬사를 자신의 본질적 성분으로 갖지 않는다는 것은 아름다운 행위는 자기 완결적이며 칭찬받지 않아도 보상받는다는 뜻입니다.

'찬사에 의해 더 나아지지도, 더 나빠지지도 않는다'라는 말은 이대로는 무슨 뜻인지 파악하기 어려운데 '비난받는 것'이라는 말을 보충해서 '찬사를 받음으로 인해 더 좋아지거나 비난을 받음으로 인해 더 나빠지는 것은 아니다'라고 읽으면 그 뜻을 알 수 있습니다.

행위의 가치는 평가와는 별개라는 말입니다. 평가받지 않는다고 가치가 없는 것이 아닙니다. 반대로 평가를 받았다고 해서 가치가 있으리라는 법은 없습니다.

여기서 아우렐리우스가 문제 삼고 있는 것은 친절이나 선행이지만, 일반적으로 말하면 행위에 대한 평가를 들을 수 있겠지요. 일이나 공부에는 평가가 따르게 마련입니다. 평가가 정당한 것이라면 노력해서 개선해야 합니다.

여기서 반드시 알아두어야 할 사실은 자신의 가치는 타자로부터의 평가와는 관계가 없다는 사실입니다. 일이나 공부에 관해 평가받는다고 해서 인격을 평가받은 것이 아니라는 말입니다. 상사나 교사 가운데는 '이런 것도 못 하냐' 혹은 '이런 것도 모르냐'면서 자신의 지도나 교육의 부족함은 생각하지 않은 채 사람을 깔보는 듯한 말을 하는 사람이 있는데, 이런 말을 마음에 담아둘 필요는 없습니다.

누군가가 "사람 참 너무하네"라고 말하면 기분이 가라앉습니다. 반대로 "멋진 분이시네요"라고 말하면 괜히 기분이 들뜰지도 모릅니다. 하지만 이런 말들은 모두 나에 관한 그 사람의 평가일 뿐입니다. 그런 평가의 말로 나의 가치가 떨어지거나 반대로 올라가는 것은 아닙니다. 따라서 설령 다른 사람에게 낮은 평가를 받았다고 해서 비관할 필요는 없습니다.

아우렐리우스가 이런 말을 한 이유는 그에게 접근하는 사람이 많았기 때문일 겁니다. 때로 칭찬에 마음이 흔들려서 그런 자신을 타이르려고 쓴 건지도 모르지요.

타자에게 기대하지 않는다

다른 사람의 행함과 행하지 않음에 좌우되지 않는 자가 되는 것이다 (2·17)

칭찬받는 일뿐 아니라 어떤 일을 했으면 좋겠다고 기대했는데, 그가 내 기대를 충족시켜 주지 않는다고 해서 화를 낼 까닭은 없습니다. 타자는 내 기대를 채우기 위해 사는 것이 아니기 때문입니다.

부모 자식 관계를 예로 말하자면 부모는 아이가 열심히 공부할 것을 기대하겠지만, 아이가 그 기대를 충족시켜 주지 않는다고 해서 짜증을 내거나 화를 내지 말아야 한다는 뜻입니다.

어떤 인간관계에서나 타자에게 무언가를 바라지 않으면 타자의 언동이 자기 마음에 들지 않더라도 그것 때문에 분노를 느끼는 일은 없어집니다. 분노를 느끼지 않더라도 타자의 인생이 신경 쓰이는 일은 있지만, 그 마음은 스스로 해결할 수밖에 없습니다. 부모는 본인 입장에서 '걱정되니까 공부했으면 좋겠다'라고 자식에게 강요할 수 없습니다. 공부를 열심히 하는 것은 부모의 기대일 뿐이므로 아이가 부모의 기대를 채우기 위해 억지로 공부할 필요는 없습니다.

네 생애는 이제 끝나려 하고 있다. 그런데도 너는
자신을 존경할 줄 모르고 그저 남의 영혼 속에서 너의
행복을 찾고 있구나 (2·6)

이는 앞에서 인용한 말인데 타자가 행복하게 해주기를 바라서는 안 된다는 말입니다.

타인의 마음에 무슨 일이 일어나고 있는지 신경 쓰지
않는다고 해서 불행한 사람은 거의 없다 (2·8)

이 역시 앞에서 인용했는데, 이처럼 다른 사람이 무슨 생각을 하는지 신경 쓰면 자연히 기대하게 되고 맙니다.

그렇다고 하더라도 사람은 협력하기 위해 사는 것이기에 타자가 무엇을 하든 나 몰라라 해도 되는 건 아닙니다. 아우렐리우스는 다음과 같이 말합니다.

도움받기를 부끄러워하지 말라 (7·7)

타자에게 기대하거나 의존하는 것은 문제지만, 도움을 구해야만 할 때가 있습니다. 반대로 도움이 필요한 사람이 있으면 당연히 도움을 주어야겠지요.

5장

자연과 일치하여 살아간다

이 장에서는 아우렐리우스가 생각한 자연과 일치해 사는 것이 어떤 삶인지를 살펴보겠습니다. 여기서 저는 '코스모폴리타니즘(세계시민주의)'이라는 현대에도 실현되지 못한 사상을 아우렐리우스가 주장했다는 사실에 놀라게 됩니다.

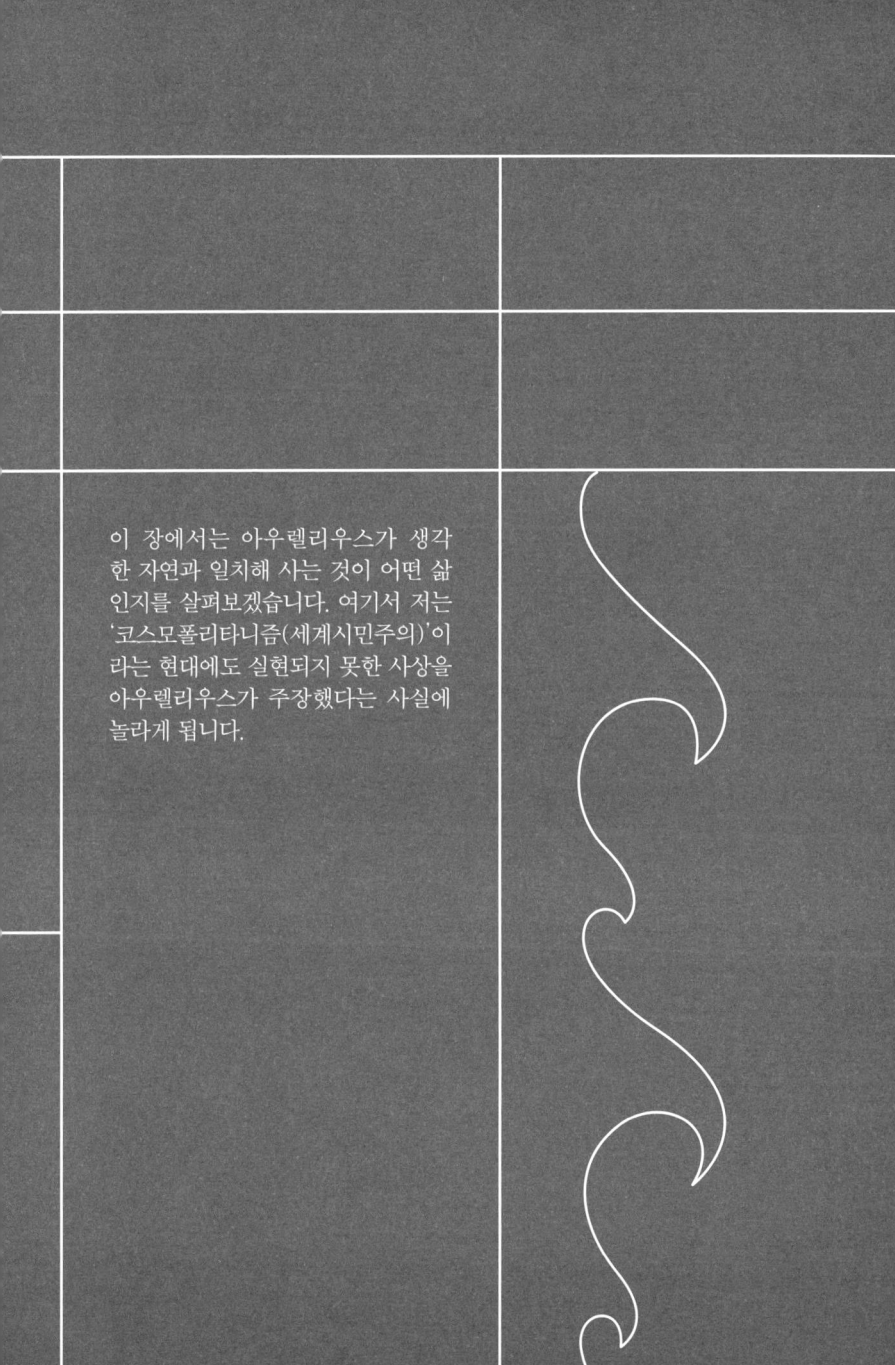

우리가 존재하는 이유

> 자기의 자연과 공통의 자연에 따라 곧장 걸어가라. 이 두 길은 결국 하나다 (5·3)

여기서 말하는 자연은 산천초목(山川草木)이라는 평범한 의미의 자연이 아니라 우주의 질서를 나타내는 법칙(이성, 로고스)이라는 의미입니다.

'공통의 자연'이란 우주의 자연이라는 의미입니다. 아우렐리우스는 우주 가운데 있는 인간도 우주 로고스의 한 조각 즉, 이성을 나눠 가지고 있다고 생각합니다. 그 이성을 때로 '헤게모니콘(자기 내면의 지도적 이성)'이나 '다이몬(신령)'이라고 바꿔 부르고 있습니다.

이성에 따라 사는 것이 '자연과 일치해 살아가는 것'입니다. 무엇이 선인가 즉, 무엇이 자기에게 도움이 되는가, 어떻게 사는 것이 행복한가를 판단하는 것은 이성의 작용입니다. 이 이성의 판단에 따르는 것이 자연에 따라 사는 것입니다.

> 우주가 무엇인지 알지 못하는 자는 자신이 어디에 있는지도 알지 못한다. 우주가 본래 무엇을 위해 있는지 모르는 자는 자기가 누구이며 우주가 무엇인지도 모른다. 이들 중 무엇 하나라도 부족한 자는 자기가 본래 무엇을 위해 존재하는지 말하지 못한다 (8·52)

아우렐리우스는 자신이 어디에 있는지, 누구인지, 우주가 왜 존재하는지라는 질문 가운데 하나라도 모르는 자는 자신이 본래 무엇을 위해 존재하는지 말하지 못한다고 말합니다. 인간이 존재하는 본래 이유는 '협력하기 위해서'입니다. 그것이 자연에 속해서 사는 것이며, 서로 대립하는 것은 자연에 반하는 일입니다.

우주, 자연은 달리 말해 신(神)이라고도 할 수 있습니다.

신들과 함께 살아가자. 자기 영혼이 신으로부터
주어진 것에 만족하고, 제우스가 자기 분신으로
각 사람에게 감독자로서 부여한 그 다이몬(신령)이
바라는 것을 하는 모습을 부단히 보여주는 자는
신들과 함께하는 것이다. 이것은 각 사람의 지성이며,
이성(로고스)이다 (5·27)

신은 자기 분신인 인간에게 이성을 주었고, 그 이성이 우리를 감독합니다. 이렇게 말하면 인간은 이성적인 존재이며 어떠한 잘못도 저지르지 않는 것처럼 보이지만, 실제로 우리는 이 이성에 따르지 않고 잘못된 판단을 내리기 때문에 항상 자신이 하는 일이나 바라는 것이 정말로 선한 것인지 깊이 고민하지 않으면 안 됩니다.

우주, 자연과 그 안에서 사는 인간은 마크로코스모스(대우주)와 미크로코스모스(소우주)로써 동심원 관계에 있습니다. 스토아 철학에서는 미크로코스모스인 인간은 인종과 언어, 문화의 차이를 넘어 이성을 분유하는 사이이며, 서로 조화를 이루는 관계라고 생각합니다.

한 인간으로서 살아간다는 것

여기서부터 인간은 폴리스(도시국가)의 시민이 아니라 코스모폴리테스(세계시민)라는 '코스모폴레타니즘(세계시민주의)'이 등장합니다.

우주는 말하자면 국가다 (4·4)

소크라테스에게 어느 나라 사람이라고 할 참이냐고 물었을 때 '세계인'이라고 대답했다는 이야기를 키케로가 전합니다.

소크라테스는 아테네라는 폴리스(도시국가)의 일원이기에 소크라테스가 스스로를 애국자라고 말할 때의 국가는 아테네를 가리킵니다. 때문에 소크라테스가 이런 말을 정말로 했을 것 같지는 않습니다. 따라서 실제로 이런 문답이 있고, 소크라테스가 코스모폴리탄(세계인)이라고 대답했다면 소크라테스에게 국가를 넘어선 정의가 더욱 중요했기 때문에 자신을 폴리스라는 좁은 범위에 가두고 싶지 않아서였겠지요.

아우렐리우스에게는 우주가 하나의 국가이며 그는 그 우주의 일원, 코스모폴리테스입니다. 코스모폴리테스는 코스모스(우주)와 폴리테스(시민)를 합성한 말입니다.

> 나의 자연은 이성적이고 국가 사회적이다.
> 안토니우스로서의 내게 국가와 조국은 로마이며
> 인간으로서의 내게는 우주가 그에 해당한다 (6·44)

아우렐리우스는 황제로 취임했을 때 선황제에게 안토니우스라는 이름을 이어받았습니다. '안토니우스'로서의 나란 '로마 황제로서의 자신'이라는 의미입니다.

아우렐리우스는 앞에서 본 것처럼 궁정의 황제로서 또, 철학자로서 이중생활을 하고 있었습니다. 게다가 로마와 세계라는 대립 가운데 살고 있었는데, 그 사실을 의식하고 있었기 때문에 어느 쪽을 선택해야 하느냐 하는 갈등 속에 살고 있었다고도 할 수 있지만, 그것은 황제라는 입장에서의 갈등이며 한 사람의 인간으로서는 헤매는 일이 없었다고도 할 수 있습니다.

아우렐리우스는 황제로서는 로마라는 국가에 속해 있지만, 한 사람의 인간으로서는 더 큰 공동체인 우주에 속해 있다고 생각했기에 로마 제국과 우주를 혼동하는 일은 없었을 겁니다.
현대를 사는 우리가 과연 '이성에 따라 올바른 판단을 하고 있는가', 서로를 인종, 국가, 언어의 차이를 넘어 '로고스(이성)를 공유하는 동료로 보고 있는가 아닌가'가 더 중요하겠지요.

자신을 바라보고 타자와 공생한다

이리하여 자연에 일치하여 산다는 것은 우주 로고스의 한 조각인 이성에 따른다는 의미와 이성을 분유하는 동료와 조화를 이루며 산다는 의미를 담고 있습니다.

아우렐리우스는 자연과 일치해 사는 것이 '의무'라고 생각합니다. 이성에 따라 판단하고, 타자와의 관계를 쌓아 유지하는 일이 인간의 의무라는 말이지요.

또, 자기 내면을 들여다볼 것을 강조하는 한편, 인간관계에 관해서도 고찰합니다. 인간관계는 앞에서도 말했듯 매우 까다롭습니다. 때로는 사람 때문에 상처받고 심하게 피폐해지기도 하지요. 차라리 누구와도 관계를 맺지 않고 은둔해서 살고 싶은 생각이 들 때도 있지만, 이는 이룰 수 없는 꿈입니다.

타자와 어떻게 관계를 맺어갈 것이냐를 생각할 때 아우렐리우스는 타자에 관해 불평하고 비난하는 대신 본인이 어떤 마음으로 타자와 관계를 맺을지를 생각하는 것에 초점을 맞추고 있는 것처럼 보입니다.

6장
복잡한 인간관계 속에서 살아가는 법

인간관계를 제외하더라도 살다 보면 자기가 바라지도 않았는데, 인생에 커다란 영향을 미치는 사건이 일어나기도 합니다. 또, 인간인 이상 누구도 죽음을 피할 수는 없습니다. 죽음의 문제를 논하지 않더라도 젊은 사람도 병에 걸리고, 나이가 들면 누구나 노화를 피할 수 없지요. 그 때문에 자신이 본래 하고자 했던 일을 포기해야 할 수도 있습니다. 이 장에서는 먼저 인간관계에 관해서, 다음으로 자기 외부에서 일어나는 사건에 어떻게 대처하면 좋을지 생각해보겠습니다.

앞을 가로막는 타자

내 주변에 매우 온순한 사람, 혹은 나에게 호의를 가지고 있어서 내가 뭘 하더라도 받아들여주는 사람만 있다면 매일 얼마나 마음 편하게 살 수 있을까 싶지만, 현실은 그렇지 않습니다. 타자는 내가 가는 길을 방해하고, 나를 방해하는 모습이 온종일 머리에서 떠나지 않으며, 그 때문에 번잡스러운 일상을 보내게 마련이지요.

아우렐리우스도 궁정에서 그런 이들에게 둘러싸여 생활했습니다.

> 그들은 서로 경멸하면서 서로 아첨한다. 또, 상대보다
> 우월하기를 바라면서 서로 양보한다 (11·14)

남보다 뛰어나고자 하는 사람은 수단을 가리지 않습니다. 황제 역시 그 수단으로 생각하는 이가 많았던 것 같습니다.

> 아침 일찍 너 자신에게 이렇게 말하라. 나는 오늘도
> 참견하기 좋아하고 은혜를 모르는 오만하며 정직하지
> 못하고 질투심이 많으며 사교성도 없는 사람들과
> 만나게 될 거라고 말이다 (2·1)

아우렐리우스는 남에게 말할 수 없는 불만이 많았을 겁니다. 그래서 자기 생각을 노트에, 그것도 다른 사람이 읽지 못하는 그리스어로 적었을 텐데, 그것뿐이라면 바로 뒤에 나오는 '너 역시 자기 자신의 불만을 듣는 일이 없도록 하라'라는 결심에 반하는 것처럼 보입니다.

만약 《명상록》에 이런 말만 쓰여 있다면, 인간관계로 마음 아파하는 사람의 공감은 얻을 수는 있겠지만, 정말 맞는 말이라는 공감에서 그치겠지요.

오늘도 싫은 사람을 만날 것을 생각하며 하루를 시작하면 틀림없이 예상하던 일이 일어나지 않을까요? 뜻밖에 싫은 사람을 만나게 되는 것보다는 예상해두는 편이 전혀 예상하지 못한 채로 맞닥뜨렸을 때보다 타격이 작다는 거겠지요.

싫은 사람과 만날 것을 예상해두었는데, 실제로 그 사람을 만나지 않았다면 고마운 일이지만, 아우렐리우스가 매일 아침 이런 생각을 했다면 주변에 어지간히 적이 많았나 봅니다.

아우렐리우스는 인간을 깊이 혐오하고 있었다고 말하는 사람도 있지만, 모든 사람에게 등을 돌렸던 건 아닙니다. 실제로 황제가 타자와 관계를 맺지 않고 살아갈 수는 없습니다. 아우렐리우스는 싫은 사람이 있어도 자기가 해야 할 일이 있고, 개인적인 혐오를 접어두고 일을 해야 한다고 생각했을 겁니다.

아우렐리우스는 '사교성이 없는 사람'을 자신과 '같은 부류'라고 보았습니다. 이에 관해서는 뒤에서 살펴보겠지만, 나는 저 사람들과는 다르다고 생각하면 문제는 결코 해결할 수 없습니다.

내가 할 수 있는 일에만 집중한다

누구도 너의 궁정 생활에 관해 불만을 듣는 일이 없도록 하라. 너도 자기 자신의 불만을 듣는 일이 없도록 하라 (8·9)

황제가 궁정에서의 불만을 누군가에게 말한다는 건 상상하기 어렵지만, 어쩌면 마음을 터놓고 지내는 측근이 한두 명쯤 있었을지도 모릅니다. 하지만 그는 불평은 이제 그만두고, 더 나아가서 속으로 남모르게 불만을 중얼거리는 것조차 그만두자고 말합니다.

상담하러 와서 직장이나 가정에서의 인간관계를 둘러싼 불만을 털어놓는 사람이 많은데, 사실 불만을 쏟아내봤자 문제는 해결되지 않습니다. 이야기를 털어놓고 마음이 후련해지는 내담자는 자신이 옳고, 주위 사람이 틀렸다는 자기 확신을 강화할 뿐입니다.

문제가 있다는 사실이 분명하다면 그러한 타자와 어떻게 관계를 맺을 것인지, 그런 사람과 관계를 맺을 때 자기가 할 수 있는 일은 무엇인지를 생각해야 합니다.

> 황제처럼 되지 않도록, 물들지 않도록 주의하라.
> 그것은 실제로 일어나고 있는 일이다 (6·30)

황제의 옷 색깔인 자줏빛에 물들지 않도록 주의하라는 말입니다. 아우렐리우스는 황제가 되어도, 철학자이기를 그만두지 말라고 스스로 타일러야만 했습니다.

'그것은 실제로 일어나고 있는 일이다'라는 말은 본인뿐 아니라 권력을 손에 넣으면 사람은 누구나 변할 수 있다는 뜻이기도 하고, 황제가 되었다고 접근해오는 사람에게 영향을 받아 아우렐리우스 자신이 황제의 색에 물드는 일이 있을지도 모른다는 우려의 표현이겠지요.

황제가 아니더라도 회사에서 승진하면 마치 자신이 대단한 사람이라도 된 양 착각하는 사람이 있습니다. 하지만 직책과 그 사람의 가치는 관계가 없습니다. 황제는 최고의 위치이기는 하지만 직책일 뿐입니다.

황제임을 스스로 뽐내는 일이 있는가 하면 황제에게 빌붙어 이용하려는 주변 사람에 의해 자신의 황제 됨을 으스대게 될 때도 있겠지요. 그런 사람이 주위에 많다는 사실을 아우렐리우스는 알았을 겁니다. '아첨꾼의 꼬임에 빠져서는 안 된다, 자신과 지위를 동일시하는 일이 있어서는 안 된다'라고 아우렐리우스는 자신에게 충고합니다.

승진한 상사나 성공한 사람이 있으면 그 사람에게 접근하는 이가 있습니다. 전에는 상대도 안 하다가 갑자기 태도를 바꿔 접근하는 사람은 존경하는 마음이 아니라 그저 이용하려는 마음에서 접근하는 것뿐입니다. 태도를 바꾸는 사람은 이용 가치가 없다는 걸 간파하면 그 즉시 떠나버립니다.

> 그러므로 너는 자기 자신을 단순하고, 선량하며, 오점 없고, 위엄 있으며, 겉치레가 없는 정의의 사도이자 경건하고, 친절하며 정 많고, 의무에 대해 열심인 자로 있어라. 변치 말고 철학이 너를 만들기 원했던 사람이 되도록 힘써라. 신들을 공경하라. 사람들을 구하라.

인생은 짧다. 지상에서의 생의 유일한 수확은 경건한 태도와 공동체를 위한 실천이다 (6·30)

이 문장을 통해 아우렐리우스가 어떤 사람이 되고자 했는지 알 수 있습니다. 인생은 짧아도 인생을 살면서 타자에게 친절하고, 자기도 그 일원인 사회(공동체)를 위해 행동하지 않으면 안 됩니다.

앞에서 '이제 너는 죽고 말 것이다. 그런데도 마음에 겉과 속이 있어서 침착하게 있지 못한다'라고 한 부분을 살펴봤는데 '마음에 겉과 속이 없다'라고 번역한 형용사(haplous)를 여기서는 '단순하다'라고 번역했습니다. '이런 내가 되고 싶다'라고 생각해도 실제로 그렇게 되는 일은 쉽지 않기에 '마음에 겉과 속이 있는 게 아닐까'라고 아우렐리우스는 자신에게 묻고 있는 것입니다.

나도 같은 부류라고 생각한다

아우렐리우스는 로마 제국을 침탈해 패권을 빼앗으려는 주변 민족과의 대립과 부패한 궁정의 인간관계, 그리고 가신의 배신에 끊임없이 고통받았습니다. 그중에서도 아우렐리우스가 신뢰하던 가신 아비디우스 카시우스의 반란은 가히 충격적이었지요.

카시우스는 아우렐리우스가 급사했다는 거짓 정보를 듣고, 스스로 그의 후계자가 되겠다고 선포하며 군사를 일으켰습니다. 결국, 봉기 직후에 부하에게 참살당하면서 반란은 금방 종식되었는데, 모반 소식을 들은 아우렐리우스는 카시우스를 용서하려 하고 있었습니다.

    카시우스의 머리가 아우렐리우스에게 보내졌을 때, 그는 기뻐하지도 과시하지도 않고, 자비를 베풀 기회를 빼앗긴 것을 슬퍼했다고 합니다. 진심으로 반성하게 하고, 목숨을 구해주기 위해서 산 채로 잡고자 하였기 때문입니다.

    살다 보면 목숨을 빼앗길 만한 일은 아니라 하더라도 누군가에게 심한 상처를 받는 경험을 할 때가 있습니다. 그런 일이 일어나면 자신을 상처 입힌 사람을 어떻게 대하면 좋을지 생각하지 않으면 안 됩니다.

    아우렐리우스가 배신한 사람이나 잘못을 저지른 사람에게 항상 관용을 베풀려고 노력했다는 사실은 다음 문장을 통해 알 수 있습니다.

> 실수를 범한 자들까지 사랑하는 것은 인간의 특성이다.
> 그것은 다음을 네가 생각할 수 있을 때 가능해진다.
> 즉, 그들이 너와 같은 부류이며, 무지 탓에 본의 아니게
> 잘못을 저지른다는 사실, 그들이나 너나 머지않아 죽을
> 것이라는 사실이다. 그들은 너에게 해를 가하지는
> 않았다. 왜냐하면 너의 지도적 부분(이성)을 전보다

못하게 만든 것이 아니기 때문이다 (7·22)

여기서 기독교에서 이야기하는 이웃 사랑과 비슷한 생각을 읽어낼 수 있습니다. 실수를 범한 것은 고의가 아니고 무지 탓이며, 잘못한 사람도 사랑해야 한다고 말하고 있으니까요.

《명상록》에는 기독교에 관한 기록이 딱 한 군데 있습니다. 아우렐리우스는 그들은 '공공연한 반항 정신'(11·3)의 소유자라고 부릅니다. 기독교도의 순교나 우상파괴를 아우렐리우스는 받아들일 수 없었을 겁니다.

어떻게 하면 잘못을 저지른 사람을 사랑할 수 있을까. 아우렐리우스는 '그들 역시 우리와 같은 부류라는 사실, 무지 탓에 본의 아니게 잘못을 저질렀다는 사실, 그들이나 자신이나 금방 죽는다는 사실, 해를 입히지 않았다는 사실'을 이유로 들고 있습니다.

이 가운데 같은 부류라는 사실, 무지 탓에 잘못을 저지른다는 사실의 의미에 관해서는 바로 뒤에 나옵니다. '그들이나 너나 머지않아 죽을 것이다'에서 잘못을 저지른 자도 사랑하라는 말은 죽음을 생각하면 온갖 것에 가치가 있다고 생각하지 않게 되며, 누군가에게 해를 입히는 일도 큰 문제가 아니게 된다고 해석됩니다.

누구나 잘못된 판단을 내릴 수 있다

아우렐리우스는 잘못을 저지른 사람은 무지 탓에 본의 아니게 그렇게 한 것이며 자신도 마찬가지라고 말합니다. 여기서 무지란 무엇을 모른다는 말일까요?

앞에서 아우렐리우스가 이른 아침에 노트에 이런 말을 적었다고 했지요.

> 아침 일찍 너 자신에게 이렇게 말하라. 나는 오늘도
> 참견하기 좋아하고 은혜를 모르는 오만하며 정직하지

못하고 질투심이 많으며 사교성도 없는 사람들과
만나게 될 거라고 말이다 (2·1)

이어서 다음과 같이 적었습니다.

이러한 모든 결점은 선과 악에 관한 무지에서
비롯된다.
그러나 나는 선은 본질적으로 아름답고, 악은 추하다는
것을 알며, 내게 잘못을 저지르는 사람도 나와 같은
부류―다만, 피를 나누거나 출신이 같다는 것이 아니라
지성과 약간의 신성을 나누고 있다는 의미에서 같은
부류라는 것을 알고 있기에 나는 그들 누구에게서도
해를 입을 일은 없다. 누구도 나를 추악한 것으로 감쌀
수는 없기 때문이다 (2·1)

즉, '선과 악'에 관해서 무지하다고 말하고 있습니다. '선'과 '악'에는 앞에서도 말한 것처럼 도덕적인 의미는 없습니다. 선은 '도움이 된다', 반대로 악은 '도움이 되지 않는다'라는 뜻입니다.

무엇이 자신에게 도움이 되는지 되지 않는지를 모르기에 실수를 범한다는 말입니다. 우리는 무지 탓에 자기도 모르게 잘못을

저지르고는 하지요. 다른 곳에서 아우렐리우스는 다음과 같이 말합니다.

> '모든 사람이 본의 아니게 진리가 결여되어 있다'고들 한다. 정의, 절제, 호의, 그와 같은 모든 것이 결여되어 있는 것과 마찬가지다 (7·63)

'진리가 결여되어 있다'라는 것은 무엇이 선이고 악인지에 대한 판단을 잘못한다는 말입니다. '누구도 악을 원하지 않는다'(플라톤의 《메논》)라는 '소크라테스의 패러독스(역설)'라 불리는 명제가 있습니다.

악을 원하는 것처럼 보이는 사람이 있다고 하더라도, 그 사람이 자기에게 도움이 되지 않는 것을 원할 리는 없다는 말이지요. 때로 자기에게 도움이 된다(선)고 생각한 것이 실제로는 악 즉, 자기에게 도움이 되지 않는 것이었다는 사실을 깨닫게 될 때가 있습니다. 그렇게 생각하면 '누구 하나 악을 원하는 사람은 없다'라는 것은 누구도 자기에게 도움이 되지 않는 것을 원하지 않는다는 의미이며, 그렇게 생각하면 이는 패러독스라기보다는 당연한 말이라 할 수 있습니다.

아우렐리우스는 해를 입는 일은 없다고 말하고 있지만, 누군가가 자기에게 해를 입히려 한다 한들 그것 역시 결코 고의가 아니라고 말합니다.

실수를 범한 사람을 보고 자기는 그런 실수는 하지 않는다고 생각할지 모르지만, 자기는 절대 그러지 않을 거라고 단언할 수는 없습니다. 나 역시 같은 부류이기 때문입니다.

여기서 같은 부류라는 말은 '지성과 약간의 신성을 나누고 있다는 의미'라고 아우렐리우스는 말합니다. 지성과 신성을 나누고 있기에 같은 부류이기는 하지만 실수를 범하지 않는 것은 아닙니다. 같은 입장에 놓이면, 자기는 결코 잘못을 저지른 사람과 같은 행동을 하지 않을 거라고 딱 잘라 말할 수 있는 사람은 없습니다.

이 사실을 알면 잘못을 저지른 사람을 단죄할 수 없게 됩니다. 그렇기에 아우렐리우스는 잘못을 저지른 사람도 사랑할 수 있다고 말하는 것이겠지요.

> 누군가가 네게 어떤 잘못을 저질렀을 때는 그가 무엇을 선, 혹은 악이라고 생각하여 실수를 저질렀을지 즉시 생각해보라. 그 점이 명확해지면 너는 그를 불쌍히 여기고, 놀라지도 화내지도 않을 것이기 때문이다
> (7·26)

자기 역시 잘못된 판단을 내릴 수 있다는 사실을 자각하고 있으면, 무턱대고 화를 내거나 책망하지 못합니다.

이어서 아우렐리우스는 다음과 같이 말합니다.

이 점을 늘 명심해야 한다. 그러면 너는 모든 사람에게 온화해질 수 있을 테니 말이다 (7·63)

잘못을 저지른 사람은 고의로 그렇게 하거나 의도한 것이 아닙니다. 아우렐리우스는 그 사실을 알면 너그러워질 수 있다고 말합니다. 철학자란 '애지자(愛知者)', 즉 아는 것을 사랑하는 사람이지 단순한 '지식인'이 아닙니다.

누구나 지식인, 지금 한 이야기로 말하자면 선악을 완전하게 아는 것이 아니기에 그런 의미에서 잘못을 저지르는 사람이나 그렇지 않은 사람이나 대등합니다. 하지만 일련의 글을 읽으면 실수를 범한 사람을 사랑하는 것이 인간 고유의 본성이라고 생각하기는 상당히 어렵지만, 같은 부류이기에 이해하지 않으면 안 된다고 아우렐리우스는 스스로를 타이르고 있는 것처럼 보이기도 합니다.

'실수를 범하는 자도 사랑하는 것은 인간 고유의 본성이다' 안의 '실수를 범한다'라는 것은 그리스어로는 '걸려 넘어지다'라는 의미입니다. 다른 곳에서는 '하마르타누(hamartanoo)'라는 단어도 사용하고 있습니다.

앞에서 기독교의 이웃 사랑과 비슷한 생각을 찾을 수 있다고 썼는데, 그리스어로 죄는 '하마르티아'이며 그 뜻은 '과녁을 빗나가다(하마르타누)'입니다. 인간이 해야 할 일을 하는 것이 '과녁을 맞히는 것'이라면 화살이 과녁을 빗나가는 것이 '죄'입니다(《성서를 읽는 법(聖書の読み方)》).

기타모리는 이와 동일한 생각이 신약성서 안 바울의 말에 표현되어 있다고 말합니다. '이제는 그것을 행하는 자가 내가 아니요 내 속에 거하는 죄이니라. 내 속 곧 내 육신에 선한 것이 거하지 아니 하는 줄을 아노니 원함은 내게 있으나 선을 행하는 것은 없노라'(《로마서》)

'시편'에는 인간을 '빗나간 화살'에 비유한 부분이 있습니다. 기타모리는 '시편'과 바울의 말을 들어 기독교에서는 인간이 아무리 노력해도 화살은 과녁을 빗나간다. 즉, 인간은 죄를 짓는다고 보지만, 도덕은 인간을 '빗나가지 않는 화살'이라고 생각한다고 말합니다.

잘못을 저지르는 것을 선악의 무지 때문이라고 생각하는 플라톤과 그 생각을 계승하는 아우렐리우스에게도 인간은 '빗나가지 않는 화살'입니다. 화살에 빗나감이 없다면 연습을 통해 과녁을 맞힐 수 있게 될 텐데, 만약 과녁을 맞히지 못한다면 연습이 부족한 탓일 겁입니다.

저는 잘못을 저지르고, 선행을 실천하지 못하는 이유가 애초에 화살이 잘못되어서 연습을 해봤자 결코 과녁을 맞힐 수 없기 때문이라고는 생각하지 않습니다. 그렇다고 화살 그 자체에 이상이 없으니, 연습만 열심히 하면 과녁을 맞힐 수 있는 것도 아니라고 생각합니다.

연습이 부족해서 과녁을 맞히지 못한다기보다, 무엇이 선인지에 관한 지혜가 결여되어 있기 때문에 과녁을 맞히지 못하는 것입니다. 선악의 무지란 과녁 그 자체를 잃었거나 혹은 과녁이 보이지 않는다는 뜻입니다.

그렇다면 아무리 연습을 쌓아도 의미가 없습니다. 플라톤처럼 말하자면 과녁이 어디에 있는가를 아는 것이 무엇이 '선'(도움이 된다)인지를 아는 것입니다. 선을 알면서 선을 실천하지 못하는 것도, 알고 있지만 연습이 부족해서 실천하지 못하는 것도 아닙니다. 바울이 말하는 것처럼 자신이 원하는 것을 할 수 없는 경우는 없습니다. 무엇이 선인지를 안다면 실천할 수 있으며, 실천하지 못한다면 무엇이 선인지 모르기 때문입니다.

인간은 죄를 저지를 수밖에 없는 존재라는 것이 기독교의 생각입니다. 이것이 '원죄'라는 개념입니다. 죄를 저지를 수밖에 없다면 인간은 결코 구원받을 수 없게 됩니다. 인간은 죄를 저지르지 않았던 단 한 사람 즉, 원죄에서 벗어난 예수 그리스도에 의해서만 구원받을 수 있다고 생각하면 죄인으로서의 인간은 서로 사랑할 수는 있겠지요.

하지만 잘못을 선악의 무지라고 간주하면 선악을 알려고 하는 사람은 그렇지 않은 사람에 대해 어떤 종류의 우월감을 느낄지도 모릅니다. 이런 생각을 하면서《명상록》을 읽어 나가다 보니 다음 한 구절이 눈에 들어왔습니다.

협력하기 위해 태어났다

너는 무엇이 마음에 들지 않는 것인가. 인간의
사악함인가. 이성적 동물은 서로를 위해 태어났다는
사실, 인내한다는 것은 정의의 일부라는 사실. 인간은
본의 아니게 실수를 저지른다는 사실. 또, 지금까지
얼마나 많은 사람이 쓸데없이 서로 악의를 품고
의심하고, 미워하며, 창을 맞대고 싸운 끝에 (죽어서
신체를) 길게 늘어뜨리고 화장당했는지를 생각하라 —
이 결론을 마음에 담고, 불만 품기를 그만둬라 (4·3)

잘못을 저지르는 사람과 자기가 같은 부류라는 사실을 알고, 그런 사람도 사랑하라는 말이 다가 아닙니다. 아우렐리우스는 더 나아가 적의를 가지고, 의심하고, 미워하며, 싸우는 일은 인간의 본래 모습이 아니며 '이성적 동물은 서로를 위해 태어났다'라고 말합니다.

화가 날 법한 말을 듣거나 안 좋은 일을 당해도 참고, '본의 아니게' 그렇게 한 것뿐이라고 생각하고, 무엇이 선이고 악인지를 모르는 사람에게는 가르쳐야 하고, 그렇게 하는 것이 '서로를 위해 태어난' 사람들이 할 일이며 사람은 대립하는 것이 아니라 협력하는 것이 본래의 모습이라고 아우렐리우스는 말합니다.

어린아이에게 정색하며 화를 내봤자 소용이 없습니다. 물론 어린아이에게도 진심으로 화를 내는 사람도 있지만, 모르는 것을 혼내봤자입니다. 끈질기게 가르칠 수밖에 없습니다. 이것이 어른이 아이에게 협력하는 것인데, 이는 모든 인간관계에 적용되는 이야기입니다.

> 나는 나와 같은 부류에게 화를 내거나 미워할 수 없다. 왜냐하면 우리는 손과 발과 눈꺼풀과 위아래의 이처럼 서로 협력하기 위해 태어났기 때문이다. 따라서 서로에게 대립하는 것은 자연에 반하는 일이다.

분노하고, 등을 돌리는 것은 대립하는 것이다 (2·1)

여기에서 아우렐리우스는 더 확실하게 우리는 협력하기 위해 태어났다고 말합니다.

지성을 공유하고 있다는 의미에서 나는 타자와 같은 부류입니다. 자신과 같은 부류인 타자에게 화를 내거나 미워할 수 없는 이유로 아우렐리우스는 신체 구조를 들고 있습니다. 미워하거나 화를 내서 타자와 대립하는 일은 자연에 반하는 일입니다.

전쟁으로 세월을 보내며 인간끼리 죽고 죽이는 현실과 인간의 증오를 눈앞에서 보았을 아우렐리우스가 인간이 협력하기 위해 태어났다고 생각했다는 사실에 큰 의미가 있는 것 같습니다.

후세의 이야기입니다만, 저는 한창 제1차 세계대전 중일 때 아들러 역시 인간이 서로 죽고 죽이는 현실을 마주하고, 공동체 감각—사람과 사람은 대립하는 게 아니라 연결되어 있다는 생각—이라는 사상에 도달했다는 사실이 떠올랐습니다.

단지 현실을 추인하기만 한다면 철학은 필요 없습니다. 현실이 아무리 어려워도 '이래야만 한다'라는 이상을 세우고, 왜 현상에서는 그 이상이 실현되지 않는가를 고찰하고, 어떻게 하면 이상을 실현할 수 있을지, 적어도 어떻게 하면 이상에 가까이 갈 수 있을지를 생각하지 않으면 안 됩니다.

사람이 서로 죽고 죽이는 것이 현실이라 할지라도, 그것을 지적만 해서는 현실을 바꿀 수 없습니다. 프로이트는 사람에게는 공격 본능이 있다고 말하고, 홉스는 '만인의 만인에 대한 투쟁'이 자연 상태라고 말하는데, 이는 아우렐리우스나 스토아 철학의 영향을 받은 아들러의 세계관과는 완전히 반대편에 있는 것이라 할 수 있습니다. 인간과 인간이 대립하는 것은 인간 본래의 존재 방식이 아니며 자연에 반하는 것이고, 본래 사람은 협력하며 살 수 있다고 생각하는 사고방식은 현실을 바꿀 힘이 됩니다.

현실 이야기로 돌아가서 국가 간의 일에 관해 말해보자면, 우리나라만 좋으면 그만이라는 생각은 협력과는 거리가 멀다고 할 수 있습니다. 코로나와 같은 감염병 확대는 한 나라의 힘만으로는 막을 수 없습니다.

국가는 때로 국민의 분열을 꾀함으로써 정부에 대한 비판을 회피하려 하거나 분열과는 반대되는 것처럼 보이지만 타국민에 대한 분노나 증오를 만들어 내기도 합니다. 이러한 요즘의 국제 정세를 보면 아우렐리우스의 협력 사상은 아직도 실현되지 못하였고, 여전히 새로운 사상인 것처럼 보입니다.

개인 수준에서 이야기하자면 자기만 좋으면 된다는 식의 이기주의도 협력과는 동떨어져 있습니다. 자기 집 지하에 설치한 핵

대피시설에 숨어들어 혼자 목숨을 부지해봤자 지구가 사람이 살 수 없는 곳이 되어버리면 의미가 없습니다.

인생은 경쟁이라고 생각하는 사람이 많을 겁니다. 경쟁은 어디서든 찾아볼 수 있는 게 사실입니다. 하지만 그렇다고 해서 경쟁이 인간 본래의 존재 방식이라는 뜻은 아닙니다.

모두 같은 일을 하는 것이 협력은 아닙니다. 걸을 때 오른발과 왼발이 동시에 나가지는 않지요. 발을 교대로 내밀지 않으면 걸을 수 없습니다. 교대로 내밀어야 비로소 몸이 앞으로 움직입니다. 이런 형태의 협력도 있는 법입니다.

> 우리는 모두 하나의 목적을 달성하기 위해 협력한다.
> 이를 자각하고 의식해서 협력하는 자도 있고,
> 깨닫지 못한 채 협력하는 자도 있다. 그런 의미에서
> 헤라클레이토스가 '잠자는 자도 우주 가운데 일어나는
> 일을 창조하는 자이며 협력자다'라고 말한 것처럼,
> 각각의 인간은 각자의 방식으로 협력하고 있다. 깨어
> 있는 것을 비판하는 자도, 저항하고 파괴하려 하는
> 자도 협력하고 있다. 왜냐하면 우주는 그런 자들도
> 필요로 하기 때문이다 (6·42)

우리의 목적은 이 세계가 양호한 상태를 유지하는 것입니다. 그 목적을 위해 협력하며 사는 것이 인간 본래의 존재 방식이라고 생각하지 않는 사람은 우리 인간이 협력하고 있다는 사실을 깨닫지 못할지도 모릅니다.

의식하지 않고는 다른 사람에게 협력하지 못하는 사람도 있습니다. 그중에서도 다른 사람이 자신을 위해 힘이 되어주는 것이 당연하다고 생각하는 사람은 어쩌면 협력하는 방법을 모를 수도 있습니다.

한편, 협력하고 있다는 사실을 의식하는 사람은 자신이 다른 사람에게 협력하고 있다는 사실을 떠벌립니다. 칭찬을 바라고 행동하는 사람도 있습니다. 그런 이의 협력은 부자연스럽고 위선적으로 보입니다.

스스로는 의식하지 않은 채 협력하는 사람도 있습니다. 아들러는 아기가 엄마의 모유를 먹는 것이 바로 그와 같다고 말합니다. '모유를 먹는 것은 프로이트가 생각하는 것처럼 사디스트적인 행위가 아니라 엄마와 아이 사이의 협력 행위다.'

아우렐리우스가 말하는 '우리는 협력하기 위해 태어났다'라는 말의 원초적인 형태는 아기가 모유를 먹는 것으로 볼 수 있습니다.

늘 언짢아 보여서 주위 사람들을 신경 쓰이게 만드는 사람이 있습니다. 그런 사람은 특별하지 않으면 사람들에게 주목받지 못한다고 생각하지요. 반대로 항상 기분 좋은 사람, 늘 웃는 사람은 존재만으로도 주위 사람들의 마음을 녹이고, 그렇게 함으로써 모두 기분 좋게 지낼 수 있도록 협력하고 있는 것인데, 본인은 그 사실을 의식하지 못하는 경우가 많습니다.

간병을 받고 있다는 이유로 자신이 가족에게 폐를 끼치고 있다고 생각하는 사람이 있습니다. 어떤 이는 폐를 끼치지 않으려 연명 치료를 받지 않겠다는 의지를 일찍부터 가족에게 전달하기도 하지요. 하지만 간병하는 가족 입장에서 보면, 간병을 받는 사람은 모두가 협력함으로써 가족의 결속을 강화하고, 가족들이 사이좋게 살아갈 수 있도록 협력하고 있다고 할 수 있습니다.

왜 협력해야 하는가

나뭇가지는 옆 가지에서 떨어지면 나무 전체에서도
떨어져 나올 수밖에 없다. 이와 마찬가지로 인간도
이웃한 인간에게서 떨어지면, 공동체(코이노니아,
koinonia) 전체에서 떨어져나오게 된다. 다만 나뭇가지는
외부의 손에 의해 떨어지지만, 인간은 이웃을 증오해
등을 돌림으로써 자기 스스로를 이웃에게서 분리한다.
그러나 동시에 공동체 전체에서 자신이 떨어진다는
사실을 알지 못한다 (11·8)

여기서 아우렐리우스는 기독교의 이웃 사랑의 반대 면을 설명하고 있다고 할 수 있습니다. 여기서 '코이노니아'를 공동체라고 번역했는데 이는 '사람과 사람과의 교제'라는 의미입니다.

아우렐리우스는 눈앞의 단 한 사람에게 증오의 마음을 가지기만 해도 사람과의 인연에서 자신을 끊어내게 된다고 말합니다. 학교나 직장에서 누군가를 괴롭히는 사람은 그렇게 함으로써 자신이 괴롭히는 사람을 그룹에서 떼어내는 것처럼 보이지만, 사실은 자신을 떼어내고 있는 것입니다.

하지만 그런 사람이라도 모두와 연결을 끊고 살아갈 수는 없습니다. 누군가를 사람들에게서 떼어내려다가 자신을 떼어내는 실수를 범하는 사람도 앞에서 본 것처럼 약간의 신성을 나누고, 같은 잘못을 저지를 수 있다는 의미에서는 나와 같은 부류입니다 (2·1). 사람은 '지성 공동체(코이노니아)'(12·26)를 형성하고 있습니다.

사람을 증오하거나 괴롭히는 일을 예로 아우렐리우스 말의 의미를 생각해보았는데, 어떤 잘못을 저지르는 것이 아니라 자신과 다른 생각을 하는 사람을 봤을 때 자신은 옳고 그 사람은 틀렸다고 생각하는 것이야말로 자신을 공동체에서 떼어내는 일이 아닐까 싶습니다. 같은 입장에 놓이더라도 사람을 증오하거나 분노를 느끼는 일은 없다고 확신할 수 있는 사람이라도 자신의 옳음을 고집하고, 그런 생각을 하는 이유가 있었을 거라고 상대를 먼저 이해하기보다는 단죄하려 드는 사람이 많은 것 같습니다.

이웃에 관해 아우렐리우스는 다음과 같이 이어 말합니다.

우리는 그 이웃에 접붙이기해서, 다시 전체를 구성하는 부분으로 만들 수 있다 (11·8)

우리는 때로 범죄자를 단죄합니다. 그러면서 자신은 결코 그런 짓은 하지 않는다고 생각하지요. 물론 범죄는 용서받을 수 없지만, 범죄자를 단죄하면 단죄한 사람 역시 공동체에서 끊어지게 됩니다. 죄를 범한 사람 쪽은 어떻게 될까요? 죄를 범함으로써 자신을 공동체로부터 끊어내게 되더라도, 접붙이기하면 다시 연결될 수 있습니다.

그러려면 아우렐리우스가 말하는 것처럼 잘못을 범한 사람을 사랑하지 않으면 안 됩니다. 물론 피해자나 그 가족에게는 쉬운 일이 아니겠지만, 모두가 범인에게 엄벌이 내려지기를 바라지는 않는다는 사실을 알아야만 합니다.

교토에서 있었던 방화 살인 사건 용의자가 자신도 전신에 큰 화상을 입고 생사의 갈림길에 섰다가, 의료진의 헌신적인 치료 덕에 혼자 걸을 수는 없지만, 대화를 할 수 있을 정도까지는 회복했다는 신문 기사를 읽은 적이 있습니다. 기사에는 용의자가 의료진에게 '남에게 이런 친절을 받은 건 태어나서 처음이다'라고 감사의 말을 전했다고 쓰여 있었습니다.

저는 이 기사를 읽고 만약 그가 범행을 저지르기 전에, 인생에서 누군가에게 친절한 대우를 받은 경험을 했더라면 그의 인생은 완전히 다른 방향으로 흘러가고 그런 끔찍한 사건을 일으키는 일은 없었을 거란 생각을 했습니다.

형벌은 무엇을 위해 존재할까요? '형벌은 범죄에 대한 대가이며, 범죄라는 악에 대해서는 그에 상응하는 형벌을 내리지 않으면 안 된다'라고 인과응보 식으로 생각하는 사람도 있습니다. 그런 의미에서 형벌은 자기 완결적이며 범죄 예방이나 방지로 이어지지는 못합니다.

형벌이 범죄의 예방과 방지를 위한 것으로 생각하는 사람도 있습니다. 어떤 범죄에 대해 이 정도의 형벌이 부과된다는 사실을 알면 수지타산이 맞지 않는다고 생각해 범죄를 저지르려는 생각을 멈춘게 되면서 범죄 억제 효과가 있다고 할 수 있겠지요.

하지만 끔찍한 행동을 저지르는 바로 그 순간, 예를 들어 사람을 죽이면 사형을 받을 수도 있다는 생각을 떠올리고 살인을 멈추리라고는 현실적으로 생각하기 어렵습니다. 사람은 감정적인 상태가 되었을 때, 특히 사람을 죽이려 들 만큼 감정이 격해졌을 때,

사람을 죽이면 사형을 받을지도 모른다고 생각하기가 쉽지 않습니다.

이런 짓을 하면 사형에 처할지도 모른다는 생각하겠지만, 그럼에도 범행에 이르는 이유는 설령 사형에 처하더라도 사람을 죽이는 것이 자신에게 '선'(도움이 된다)이며 사형이 내려져도 정의 즉, 악을 처단하는 일이 중요하다고 생각하는 것입니다.

한편, 사형 같은 극형뿐 아니라 가벼운 형벌이라도 벌을 받는 것 자체가 부당하다고 생각하는 사람도 있습니다. 벌을 내리는 것을 자신에 대한 도전으로 받아들이는 유형의 범죄자입니다. 그런 사람은 자기 행위야말로 정의이기 때문에 벌을 받는 것은 부당하다고 생각합니다.

또, 어떻게 하면 들키지 않고 넘어갈까만 생각하는 사람도 있습니다. 그런 사람은 벌을 줘도 다음번에는 어떻게 하면 들키지 않고 범죄를 완수할지를 궁리할 뿐입니다. 벌을 받은 사람은 이런 궁리를 하기도 하지만 벌한 사람, 자신을 나무란 사람에게 복수하려 드는 경우도 있습니다. 자신을 벌한 사회를 적이라고 생각하게 되기 때문입니다.

세 번째로 형벌은 응보를 위한 것도, 억제를 위한 것도 아니지만, 죄를 범한 사람이 갱생하기 위해 부여해야 한다는 의견도 있습니다.

앞에서 아우렐리우스가 반란을 일으킨 카시우스를 용서하려고 했다는 이야기를 언급했는데, 형벌을 부과해봤자 같은 일이 사람만 바뀌가며 일어날 수 있다는 사실을 알았기에 그렇게 하지 않았을까요?

플라톤은 '교육형(教育形)'이라는 표현을 썼습니다. 형벌은 범죄자가 다시 사회로 돌아오기 위해서 부과하는 것이어야만 한다는 뜻입니다. 하지만 갱생을 위한 것이라면 애초에 형벌은 필요하지 않은 거 아닐까요? 이런 이야기가 떠오릅니다.

한번은 아들러를 찾아온 남성이 절도죄로 복역하던 시절, 교도소 도서관에서 아들러의 책을 읽었고 석방되면 아들러를 찾아가겠다고 결심했다고 말했습니다. 그가 아들러의 정원사로 고용되어 묘목을 사러 묘목 가게에 갔을 때, 아들러가 건넨 돈으로 살 수 있는 것보다 훨씬 많은 모종을 가지고 돌아온 일이 있었습니다.

아들러는 이 남자가 그렇게 해서 자신을 시험했다고 생각했습니다. 그래서 정원사와 대화를 나눈 뒤, 여분으로 가지고 돌아온 모종을 돌려주러 보냈습니다. 아들러가 만약 그 남자를 힐문하고 심하게 꾸짖었다면 그는 마음을 고쳐먹기는커녕 도리어 원한을 품었을지도 모릅니다.

이 남자는 나중에 훌륭한 정원사가 되었습니다. 아들러의 이러한 태도는 정원사에게 영향을 주지 않을 수 없었을 겁니다. 그는 범죄자의 갱생에 필요한 것은 벌이 아니라 공동체 감각의 육성이라고 생각했습니다. 자신은 절대 고독하지 않고, 타자와 연결되어 있으며 그 타자는 필요하면 자신을 도와주는 '동료'라는 사실을 알면, 그때까지 문제만 일으키던 사람이라도 삶의 방식이 달라집니다.

아우렐리우스는 사람이 협력하기 위해 태어났다고 말하는데, 다른 사람이 적이라고 생각하는 한, 협력하려는 생각은 하지 못합니다. 아우렐리우스의 표현을 사용하자면 다른 사람에게서 떨어져 나가려 했던 사람을 다시 '접붙이기'해야 합니다. 그것은 형벌 부과로는 이룰 수 없는 일입니다.

7장

바깥에 있는 것은 사람을 불행하게 하지 않는다

살다 보면 자기 힘으로는 제어할 수 없는 일이 많이 일어납니다. 이런 일이 일어났을 때 대부분은 자기 바깥에서 일어난 일이 자신을 불행하게 만들었다고 생각하지만, 이는 명백한 사실이 아닙니다. 같은 일이 일어나도 어떻게 받아들이냐는 사람마다 다릅니다.

그렇지만 살아 있는 한은 자기 바깥에서 일어난 일, 일어나고 있는 일을 모른 척할 수가 없습니다. 자기와 상관없이 일어나는 일이라면 몰라도 누군가가 자신에 대해 나쁘게 말하고 다닌다는 말을 들었다면 마음 편하게 있기가 쉽지 않겠지요. 그런 상황에서 어떻게 하면 좋을지 생각해봅시다.

재앙은 내 안에서 온다

사물은 네 영혼에 접촉하는 일 없이, 바깥세상에
조용히 머물고 있다. 네 영혼의 불안은 오로지
네 내부의 판단에서 기인한다 (4·3)

스토아 철학에서는 외부에 있는 무언가를 인식할 때, 감각기관이 그 영상을 마음 안에 각인한다고 생각합니다. 그 영상을 '표상(판타시아)'이라고 말합니다.

문제는 바깥세상의 사물은 도장을 찍은 것처럼 마음 안에 각인되는데, 그것만으로는 올바로 인식할 수는 없다는 사실입니다.

> 재앙은 어디에 있는가. 재앙에 관해 짐작하는 네
> 능력에 자리 잡고 있다 (4·39)

밖에서 일어나는 일이 반드시 재앙인 것이 아닙니다. 우리가 그것을 재앙이라고 짐작하는 것뿐이지요.

> 너를 고민하게 하는 많은 쓸데없는 것은 모두 네
> 그릇된 상념 안에 있기에 너는 그것을 소거할 수 있다
> (9·32)

자기 의지와는 상관없이 일어나는 일은 피할 수 없지만, 일어난 일에 관해 판단할 때 혹시 잘못된 판단을 하고 있지는 않은지 확인하지 않으면 안 됩니다.

아우렐리우스는 고민이 생기는 이유는 판단을 잘못하기 때문이며 올바로 판단할 수 있으면 고민은 사라진다고 말합니다.

> 최초로 나타나는 표상이 전하는 것 이상을 자신에게
> 말하지 말라. 아무개가 너에 관해 악담하더라는

이야기를 전해 들었다고 하자. 너는 악담하더라는 이야기를 전해 들었을 뿐 그로 인해 해를 입은 것은 아니다. 자식이 병에 걸린 것을 보고 있다고 하자. 나는 자식이 아픈 것을 보고 있지만, 내 자식이 위험한 상태는 아니다. 이처럼 항상 최초의 표상에 머무르고, 네 마음속으로 무언가를 덧붙이지 말라. 그러면 네게 아무 일도 일어나지 않는다. 무엇인가 덧붙이고 싶다면, 우주에 일어나는 모든 일을 살살이 아는 사람처럼 보태어 말하라 (8·49)

누군가가 자신에 관해서 무슨 이야기를 한다는 사실이 '표상'입니다. 그 표상이 전달하는 이상의 것을 덧붙이는 것 즉, 그 누군가가 하는 말이 '험담'이라고 판단하지 말라고 아우렐리우스는 말합니다.

열이 나는 아이를 보면 부모는 위중한 상태일지도 모른다고 동요하거나 이대로 죽지 않을까 하는 최악의 상황까지 생각하며 두려워하기도 합니다. 열네 명의 아이 가운데 많은 아이를 어려서 잃은 아우렐리우스는 아이가 병으로 괴로워하는 모습을 보고 마음 아파하는 일이 많았을 겁니다.

> '아이를 잃지 않게 해주세요'라고 기도하는 사람이
> 있다. 너는 '내 자식을 잃는 것을 두려워하지 않게
> 해주세요'라고 기도하라 (9·40)

아우렐리우스는 이렇게 썼습니다.

험담에 관해 말하자면 여기서는 '아무개가 너에 관해 악담하더라'이기 때문에 자신이 직접 들은 이야기는 아닙니다.

누군가 자신의 험담을 하고 다닌다는 사실을 알려주는 사람이 있게 마련입니다. 쓸데없는 참견이지만, 본인은 좋은 마음으로 알려준다고 생각하겠지요. 자기가 직접 들은 것이 아니라 다른 사람을 통해 전해 들은 것이라면, 애초에 누가 험담을 했는지 안 했는지도 정확히는 알 수 없습니다.

'왜 나를 나쁘게 말할까'라고 판단하는 이유는 그 사람을 평소에 좋지 않게 생각하기 때문입니다. 그 사람이 자신에 관해 무슨 말을 했다면 험담이 틀림없다고 판단하는 것이지요. 하지만 이는 '최초에 나타나는 표상 이상의 것'입니다.

> 판단을 버려라. 그리하면 네가 피해를 보았다는 느낌도
> 사라진다. 피해를 보았다는 느낌이 사라지면 피해도
> 사라질 것이다 (4·7)

다른 사람에게 중상모략을 당할 때가 있습니다. 그렇지는 않더라도 자신을 나쁘게 말하는 사람이 어딘가에는 있게 마련입니다. 누군가가 자신의 험담을 하는 것이 아닌가 하는 생각만으로 평정심을 잃게 될 때도 있습니다.

그런 것에 일절 신경을 쓰지 않으면 되지만, 신경 쓰지 않으려다가 상대의 술책에 빠지게 됩니다. 신경을 쓰지 말자는 생각에 사로잡힌 나머지 오히려 상대방을 온종일 의식하게 되기 때문입니다.

따라서 누군가가 자신에 관해 이야기하고 있는 것 이상을 받아들이지 말고 '해를 입었다'라는 판단을 버리라고 아우렐리우스는 말합니다. 그런데 실제로는 자신이 들었든 남에게 들었든 자신에 관해 이야기하는 사람이 있으면, 그것은 험담이 분명할 것이고, 그 험담 때문에 그 사람에게 '피해를 보았다'라거나 '상처를 받았다'라고 생각하게 됩니다. 하지만 설령 실제로 누군가가 자신을 나쁘게 말한다고 해도 그 사람에게 피해를 본 것은 아닙니다. 아우렐리우스는 '피해를 보았다'고 판단하지 말라고 말합니다.

다른 사람이 나에 관해 말하는 것을 막을 수는 없습니다. 이것은 '권한 내'에 있는 일이 아닙니다. 이는 스토아 철학에서 자주 사용하는 표현인데, 자기 힘이 미치지 않고 컨트롤할 수 없다면 자기 권한 내에 있는 일이 아닙니다.

내가 할 수 있는 것은 누군가가 나에 관해 말한다고 해도 그것이 험담일 거라는 판단을 하지 않는 것입니다. 또, 설령 실제로 나에 관해 좋지 않은 말을 하고 있다고 해도 그걸로 내가 피해를 보는 건 아니라고 생각하는 것이겠지요.

올바르게 판단한다

허위의 것, 명석하지 않은 표상을 승인하지 않는다 (8·7)

'최초에 나타나는 표상이 전달하는 이상의 것을 자신에게 말하지 말라'라는 아우렐리우스의 말을 읽으면 모든 판단을 하지 않겠다는 의미로도 보이지만 그렇지는 않습니다.

아우렐리우스는 바깥에 있는 것에 관해 판단하지 않는 것이 아니라 '허위의 것, 명석하지 않은 표상'을 승인하지 않겠다고 말합니다. 표상이 이성에 의해 승인되었을 때, 비로소 인식 안에 올바르게 받아들여지는 것입니다.

자신을 나쁘게 말한다는 이야기를 들으면 금세 믿게 되는데, 이런 것뿐 아니라 다른 사람에게 전해 들은 것만으로는 그 진위를 알 수 없기에 어지간히 조심하지 않으면 잘못된 판단을 내리게 됩니다.

요즘에는 SNS에서 읽은 내용이 가짜인 경우도 허다합니다. 대부분의 정보는 진위를 스스로 확인할 수 없습니다. 소문이나 가짜 뉴스를 진짜라고 믿고, 확인도 하지 않은 채 리트윗하는 바람에 허위 정보가 확산하기도 합니다.

자기 눈으로 직접 보았다고 해서 올바로 판단할 수 있다는 보장도 없습니다. 명석하지 않다는 사실은 알 수 있어도 허위인지 아닌지를 판단하기는 어려울 때가 있지요. 그렇더라도 끊임없이 자기 판단이 올바른지 아닌지를 따져보아야만 합니다.

왜 자신을 나쁘게 말하는지 신경이 쓰이고, 나쁜 말을 듣고 싶지 않겠지요. 자기 가치를 스스로 인정하지 못하기 때문에 다른 사람에게 안 좋은 평가를 받고 싶지 않고 좋게 보이고 싶은 겁니다. 이에 관해서는 앞에서도 살펴보았습니다.

자신을 나쁘게 말하는 사람이 있어도 그걸로 자신이 해를 입었다고 생각하지 않는 것도 올바른 판단을 하는 것입니다. 앞에서도 보았지만, 평가와 가치는 별개의 것이기 때문에 자신을 나쁘게 말하는 사람이 있어도 즉, 자신에 대해 낮은 평가를 하는 사람이 있어도 그 평가가 자신의 가치를 떨어트리는 것은 아니고, 그 평가에 의해서 해를 입는 것은 아니라는 사실을 알아야만 합니다.

좋은 사람에게 나쁜 일은 없다

아우렐리우스는 누구에게서도 해를 입는 일은 없다며 다음과 같이 말했습니다.

> 나는 그들 누구에게서도 해를 입을 일은 없다. 누구도 나를 추악한 것으로 감쌀 수는 없기 때문이다 (2·1)

이 한 문장을 읽으면 저는 '좋은 사람에게는 살아 있을 때도 죽은 후에도 나쁜 일은 하나도 없다', '뛰어난 사람이 열등한 사람에게 해를 입는 일은 허락되지 않은 일이라고 생각한다'(《소크라테스의 변명》)라는 소크라테스의 말이 떠오릅니다.

소크라테스는 유죄 판결을 받고 사형에 처했는데, 그는 설령 시민권을 빼앗기고 추방당하거나 사형에 처하더라도 그 일이 자신에게 악이거나 해를 입었다고는 생각하지 않는다고 말합니다.

타자가 자신을 나쁘게 말하거나 타자에게 비난받거나 배신당하는 일이 있다 하더라도 그런 일로 인해 영향을 받는 일은 없다는 말입니다.

아우렐리우스는 앞에서도 '잘못을 저지른 사람은 해를 가하지는 않았다. 왜냐하면 너의 지도적 부분(이성)을 전보다 못하게 만든 것이 아니기 때문이다'라고 말했지요.

8장

곤경에 어떻게 맞설 것인가

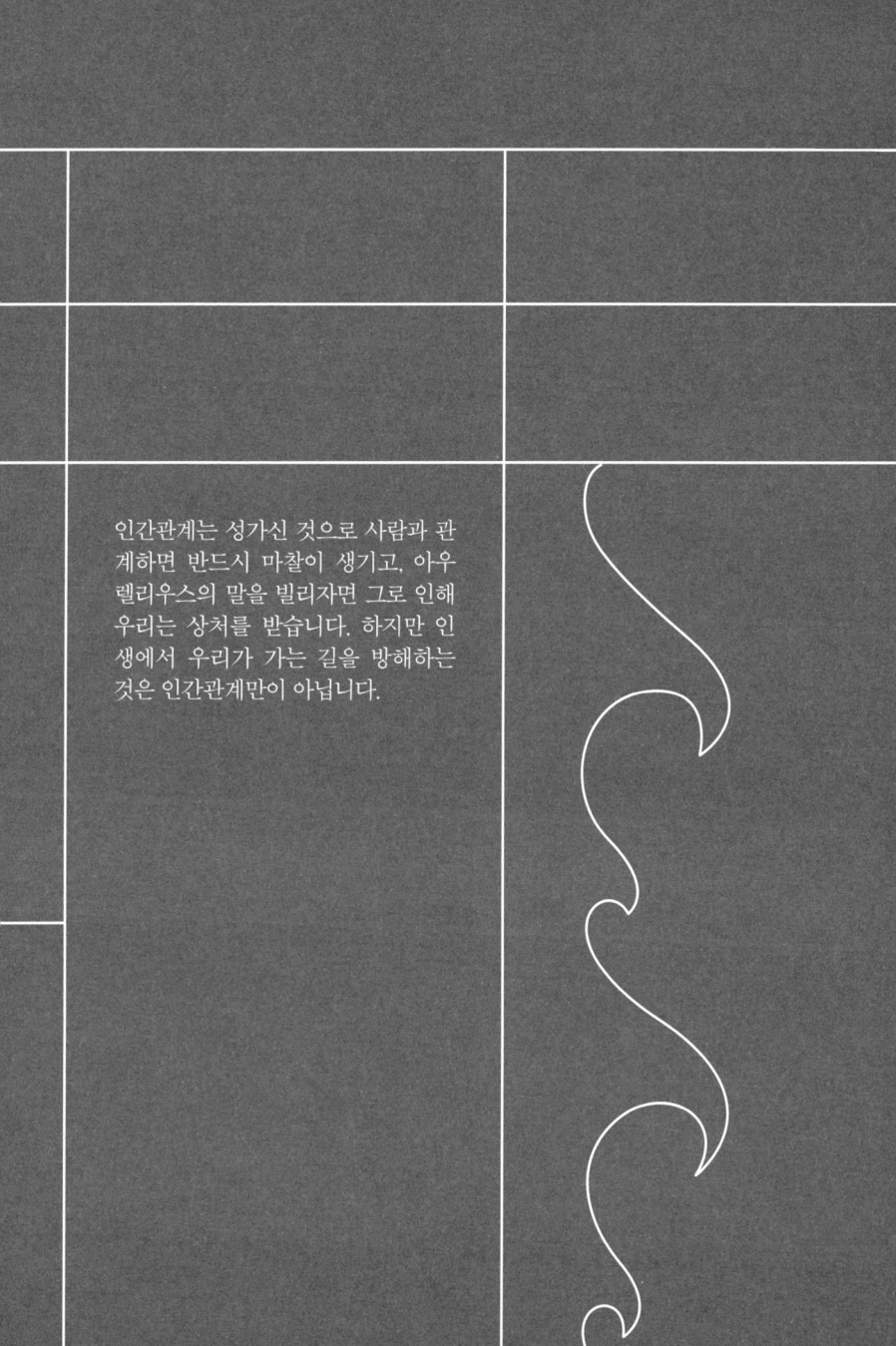

인간관계는 성가신 것으로 사람과 관계하면 반드시 마찰이 생기고, 아우렐리우스의 말을 빌리자면 그로 인해 우리는 상처를 받습니다. 하지만 인생에서 우리가 가는 길을 방해하는 것은 인간관계만이 아닙니다.

견딜 수 없는 곤경은 없다

본성상 견딜 수 없는 일은 누구에게도 일어나지 않는다. 그런데 똑같이 불행한 일을 당하고도, 무슨 일이 일어났는지 깨닫지 못하거나 고매함을 과시해 태연하게 피해를 보지 않는 사람들이 있다. 무지와 허영이 지혜보다 강력할 수 있다니, 경악할 노릇이다 (5·18)

아우렐리우스는 인간이 견디지 못할 만한 일은 애초에 일어나지 않는다고 말합니다. '무지와 허영이 지혜보다 강력하다'라는 말은 이런 의미입니다.

자신에게 일어난 일을 모르는 것이 '무지'입니다. 어린아이라면 자기에게 일어난 일, 예를 들어 부모님을 잃었을 때 그것이 어떤 의미인지 사실은 모를 수도 있습니다. 일어난 일은 알아도 그 일이 앞으로의 인생에 어떤 영향을 미치게 될지 모르기 때문에 상실감으로 슬퍼하지만, 그 이상의 의미는 모른다는 말입니다.

고매함을 과시해 태연하게 피해를 보지 않는 것이 '허영'입니다. 아우렐리우스는 이것이 좋다고 말하는 것이 아닙니다. 소크라테스는 사형 판결을 받고, 독배를 들이키고 침착하게 죽음을 맞이했지만, 자신이 태연하게 죽는 것을 누군가에게 과시하려는 마음은 없었겠지요.

그에 비해 사려 깊은 사람은 어떤 곤경과 마주해도 그것과 마주하고, 없었던 것처럼 무시하거나 허세를 부리는 일은 없습니다. 그 곤경을 견딜 수 있다는 말입니다.

자신과 비슷한 경험을 한 사람이 있다는 사실을 아는 것만으로도 구원받기도 합니다. 그 사실을 알았다고 해서 고통으로부터 즉시 해방되지는 않지만 다른 사람이 곤경을 벗어났다면 시간이 걸리더라도 자기 역시 벗어날 수 있을 거라는 희망을 느끼기도 하지요.

고난에 어떻게 맞설지 내가 선택해야 한다

너 자신이 성취하기 어려운 일이라고 해서 그것이
인간에게 불가능한 일이라고 생각해서는 안 된다.
인간에게 가능하고 걸맞은 일이라면 너도 능히 성취할
수 있다고 생각하라 (6·19)

이는 누구나 무엇이든 성취할 수 있다는 의미가 아닙니다. 피할 수 없는 일, 예를 들어 부모님을 잃거나 뜻하지 않는 질병에 걸렸을 때, 아무리 견디기 어려운 일처럼 생각되더라도 내가 처음 경험하는 일이 아니고, 지금까지 수많은 사람이 같은 일을 겪고 극복해왔으니 극복할 수 없는 일은 없다고 스스로 격려하고 있는 것입니다.

병에 걸려도 젊을 때는 다시 금방 건강해질 거라고 생각할지 모르지만, 나이를 먹으면 마음이 약해집니다. 이대로 죽을지도 모른다는 극단적인 생각을 하기도 하지요. 그럴 때 병으로 쓰러진 건 자신만이 아니고 극복한 사람들이 있다는 사실을 떠올리면 불안 속에서 희망을 발견할 수 있습니다.

이제 막 걷기 시작한 어린 외아들을 잃고, 슬픔에 잠겨 있던 기사 고타미라는 어머니에 관한 이야기가 있습니다. 석가모니는 그녀에게 한 번도 장례식을 치른 적 없는 집에서 하얀 겨자씨를 받아오라고 말했습니다. 그녀는 그런 집은 없다는 사실, 죽음은 어떤 집에든 있다는 사실을 깨닫게 되었고, 그렇게 자기 아이의 죽음을 받아들일 수 있었습니다.

현대에는 장례식을 한 번도 치러보지 않은 집도 있기 때문에 석가모니의 이런 조언으로는 아이의 죽음을 극복하기 어렵겠지만, 기사 고타미는 여러 집을 방문하는 사이에 아이의 죽음을 경험한 것은 결코 자기만이 아니라는 사실을 알게 되었습니다.

물론 다른 사람이 고난을 극복했다고 해서 자기 역시 당연히 같은 고난을 극복할 수 있으리라는 보장은 없지만, 어떤 곤경도 인류가 처음 도달하는 땅에 서는 것처럼 새로운 모험은 아닙니다.

책의 처음에 있는 '들어가며'에서도 이야기했지만, 저희 어머니는 제가 대학원에 입학한 해에 뇌경색으로 쓰러져 입원하셨습니다. 여동생은 이미 가정을 꾸려 이사했고, 아버지는 일을 하셨기 때문에 평일에는 학생이었던 제가 병원에 머물면서 어머니를 보살피게 되었습니다. 완전 간호(병원 측이 입원 환자의 간호를 맡아, 보호자를 필요로 하지 않는 간호 방법―옮긴이 주)가 아니었기에 가족 중 누군가가 붙어 있어야 했는데, 위중한 상태여서 언제든 달려올 수 있게 하기 위한 조치였을지도 모릅니다.

이때 병실에 그리스어책을 가지고 가서 공부하기로 마음먹었는데, 전공인 플라톤의 〈대화편〉뿐 아니라 아우렐리우스의 《명상록》도 읽었습니다. 병원에서는 여기저기 불려 다니는 일이 많았기에 어디서부터 읽어도 상관없고, 중간에 끊었다 읽어도 되는 《명상록》이 참 고마웠습니다. 읽은 내용을 머릿속으로 계속 생각하면서 병원 옥상에서 세탁물을 널기도 했습니다.

어머니는 나날이 쇠약해지셨고, 그 모습을 보고 있자니 어머니가 얼마 못 사실 거라는 사실을 알아차릴 수밖에 없었습니다. 어느 날 주치의 선생님이 어머니는 더 이상 회복할 가능성이 없다고 말씀하셨지요.

어느 날 '너 자신이 성취하기 어려운 일이라고 해서 그것이 인간에게 불가능한 일이라고 생각해서는 안 된다'라는 구절을 읽고는, 저만 부모님의 병시중을 들고 있는 게 아니라는 사실을 깨달았습니다.

아우렐리우스는 고난을 피할 수는 없지만, 그것에 어떻게 맞설지는 선택할 수 있다면서 고상하게 참으라고만 하지만(바로 뒤에서 보겠습니다), 성서에서 하나님은 시련과 동시에 '피할 길'도 마련해주신다고 쓰여 있다는 점을 발견하고 흥미로웠습니다. 저에게 시련은 오랫동안 이어진 어머니 간병이었습니다. 이 성서 구절을 읽고 얼마 안 되어 어머니는 의사 선생님 말씀대로 돌아가셨습니다. 나는 마음속으로 시련으로부터 '도망칠 방법'이란 어머니의 죽음이 아닐까 생각했습니다. 그만큼 몸과 마음이 피폐해져 있었지요. 일주일만 더 병원에 있었다가는 내가 어머니보다 먼저 죽는 게 아닐까 싶을 정도였으니까요.

그런 생각을 한 것과 어머니가 얼마 안 되어 돌아가신 것 사이에 인과관계가 있을 리는 없지만, 당시에는 내가 그런 생각을 하지 않았더라면 어머니가 조금 더 오래 사시지 않았을까 하며 자책했습니다.

오랫동안 병시중을 들어본 사람 가운데는 부모나 아이가 좋아지기를 바라면서도, 그런 현실에서 어떻게든 벗어나고 싶다는 생각을 한 사람도 있을 겁니다.

지금은 '피할 길'이 '성공 등의 세상의 가치가 아닌 진정한 인생의 가치를 아는 것'이라는 의미일 거라고 생각합니다. 왜 그렇게 생각하게 되었는지는 다음 장에서 이야기하겠습니다.

병원에서는 계속 책을 읽으면서 노트에 어머니의 병세나 어머니가 받은 치료 등을 기록하기도 했습니다. 또, 그때그때 생각한 것도 적었지요. 그것은 저에게 있어서 《명상록》이었습니다.

어머니가 돌아가신 후, 저는 더 큰 시련을 몇 번이나 경험했는데, 어머니의 병상을 지키며 노트를 통해 나 자신과 대화했던 날들 덕분에 시련을 극복할 수 있었다고 생각합니다.

저는 오랫동안 간호대학 학생들도 가르쳤기에 국가시험을 치르는 학생들에게도 아우렐리우스의 말을 소개하고는 합니다. 생텍쥐페리의 소설에 나오는 '자신에게 말하는 것이다. 다른 사람이 성취한 것은 자신도 반드시 할 수 있다고'(《인간의 대지》)라는 말도 학생들에게 들려주고는 하지요. 시험을 치르는 일은 인류가 한 번도 가보지 않은 땅에 서는 것과 같은 대모험이 아닙니다. 설령 실패하더라도 다시 도전할 수 있습니다.

그런데 실패할 것만 생각하고 시도하기를 두려워하는 사람이 있습니다. 그런 사람은 시도하려는 일이 어려워서 불안을 느끼고 두려워하는 것이 아닙니다. 결과를 내지 않으려면 그냥 회피하면 되지요. 학생이라면 시험을 보지 않으면 평가받지 않습니다. 과제에 직면하지 않으려면 이유가 필요합니다. 다른 사람은 납득하지 못해도 불안이나 두려움의 감정을 만들어 내서 도망치는 것을 적어도 자신은 납득하려고 합니다.

어떤 결과가 나올지는 모르지만, 결과를 받아들일 수밖에 없습니다. 아무것도 하지 않고 나중이 되어서 그때 했더라면 잘되었을지도 모른다며 가능성(이 경우, 과거의 가능성입니다만) 안에서 살 것이 아니라 결과를 내고, 그에 따라 필요하다면 다시 도전하거나 혹은 다른 일에 도전하는 게 낫지 않을까요?

고상하게 견디다

앞으로는 너를 슬픔에 빠트리는 일이 생길 때면 다음과 같은 원칙을 떠올려라. 그것은 불행이 아니다. 오히려 그것을 고상하게 견디는 것은 행복이다 (4·49)

'슬픔에 빠트리는 것'과 만나는 것을 피할 수는 없습니다. 때때로 거세게 몰아치는 파도를 피할 수는 없지요. 문제는 그것을 어떻게 받아들이느냐입니다. 그 파도를 '고상하게' 받아들이면, 금방은 아니더라도 언젠가 물에 이는 거품은 잠잠해집니다.

'고상하게 견디는 것'은 슬프지 않다고 생각하면서 나를 덮친 강한 슬픔을 통과하는 일이 아닙니다. 그렇게 할 수는 없습니다.

어머니가 돌아가셨을 때, 어머니의 유해와 함께 병원에서 집으로 돌아왔습니다. 나중이 되어서야 해주신 말씀인데, 아버지는 그때 제 모습을 보고, 제가 어머니 뒤를 따르는 게 아닌가 싶어 걱정하셨답니다. 저는 제가 그 정도로 초췌한 줄은 몰랐지요. 그렇게 초췌한 모습을 하고도 저는 남들 앞에서는 절대로 울면 안 된다고 생각했습니다. 지금 와서 돌아보면 슬픔을 봉인하려고 했던 어설픈 시도가 어머니의 죽음을 극복하는 데 걸리는 시간을 늦추지 않았을까 싶습니다.

하지만 슬픔을 봉인하지 않는 것이 슬픔의 감정을 발산하는 것은 아닙니다. 그것이 이별임에는 틀림이 없습니다. 사별이 아니어도 한동안 함께했던 사람과 또 만날 수 없게 된다는 건 알고 있었어도 슬픈 법입니다. 부모님이나 가까운 친구를 잃는다면 슬프지 않을 수 없지요. 죽은 사람과는 두 번 다시 만날 수 없는데 오죽하겠습니까.

이 슬픈 감정은 그대로 받아들여도 됩니다. 슬픔의 감정 안에서 자신을 놓아버리지만 않으면 기사 고타미처럼 가족의 죽음을 금방 받아들이지는 못하더라도 언젠가는 반드시 다시 일어설 수 있습니다. 설령 그 시점에서는 그렇게 생각되지 않더라도 말입니다. 다시 일어설 수 있다고 믿는 사람은 슬픔에 굴복하지 않습니다.

가족을 잃는 경험을 한 사람, 특히 불의의 사고로 갑작스럽게 가족을 잃은 사람의 슬픔은 좀처럼 아물지 않습니다. 마음의 준비가 되어 있지 않았기 때문입니다. 그렇다고 오랫동안 요양해온 가족이 죽었을 때 남은 가족은 마음의 준비가 되어 있느냐 하면 그렇지도 않습니다.

그래도 전보다 조금씩 일어서다 보면 어느 날, 죽은 가족을 생각하지 않는 때가 있음을 깨닫게 됩니다. 이는 결코 매정한 일이 아닙니다. 고인이 어떤 식으로든 남겨진 가족의 생활을 엿볼 수 있다면 음식도 못 넘기도 울고만 있는 것이 아니라, 다시 원래의 생활로 돌아가려는 모습을 봤을 때 더 안심할 겁니다.

9장
선악무기한 것을 고집하지 않는다

지금까지 봐온 것처럼 인생을 살다 보면 온갖 어려움을 마주하게 됩니다. 그런데 그것이 악인지 혹은, 긴 인생을 놓고 봤을 때 이것을 손에 넣거나 이 목표를 달성하면 행복해질 수 있는 선인지는 명백하지 않습니다. 아우렐리우스는 그 자체로는 선도 악도 아닌 '선악무기(善惡無記, 불교 용어로 모든 것을 선인 것, 악인 것, 선도 악도 아닌 것의 세 가지로 나눈 것을 말한다—옮긴이 주)'한 것이 있다고 말합니다.

선악무기한 것

죽음과 삶, 명예와 불명예, 고통과 쾌락, 부와 빈곤, 이 모든 것은 좋은 사람에게도 나쁜 사람에게도, 똑같이 주어진다. 그것들은 아름다운 것도 아니고 추한 것도 아니며 따라서 선한 것도, 악한 것도 아니다 (2·11)

여기서 예로 들고 있는 보통 선으로 간주하는 것, 반대로 악으로 간주하는 것을 아우렐리우스는 '선악무기(아디아포라)' 혹은 (선과 악의) '중간적인 것(메사)'이라고 말합니다. 그것 자체로는 선도 악도 아니라는 의미입니다. 진정한 선이라고 말할 수 있는 것은 덕뿐이고, 악덕만이 악이며 그것들을 제외하면 선악무기한 것입니다.

그리스어로 '선', '악'은 '도움이 된다', '도움이 되지 않는다'라고 앞에서 여러 번 언급했지요. 재산이나 명예를 소유하고 있어도 자신에게 도움이 되지 않을 때는 선이 아니라 악입니다.

재산이 많아도 도박으로 큰 손해를 입고 한순간에 잃을지도 모르지요. 상속 문제를 놓고 친척 사이에 분쟁이 일어날지도 모릅니다. 지금은 나를 좋게 말해주는 사람도 어느 날 갑자기 손바닥 뒤집듯이 내 험담을 하기 시작할 수도 있지요. 명성은 금세 악평으로 변합니다.

무관심하게 있는다

이러한 선악무기한 것을 어떻게 대하면 좋을까요? 아우렐리우스는 다음과 같이 말합니다.

> 만약 선악무기한 것에 무관심하다면 행복한 삶을 사는 힘은 우리 영혼 안에 있다. 그것들 하나하나를 분석적, 전체적으로 보고, 우리에게 그것들에 관한 생각을 심어주지 않고, 우리에게 다가오지도 않고 가만히 있다는 사실을 기억해야 한다. 그것들을 판단하고

> 이런저런 상념을 만들고 그 상념을 스스로 각인시키는
> 것이 바로 우리 자신이라는 사실을 기억하면 영혼은
> 무관심의 상태에 있게 될 것이다 (11·16)

> 소박함, 겸손함, 미덕, 악덕에 대한 무관심으로
> 너 자신을 빛내라. 인간을 사랑하고 신을 따르라 (7·31)

아우렐리우스는 '선악무기한 것에 무관심'하면 더없이 훌륭하게 살 수 있다고 말합니다. 어떻게 하면 무관심하게 있을 수 있을까요?

선악무기하기에 선이라고도 악이라고도 판단하지 않으면 됩니다. 선악무기한 것은 그것에 대한 '추단을 심어주지 않는 것'입니다. 우리는 판단을 요구하지도 않는데 선이냐 악이냐를 판단하고는 합니다. 게다가 그 판단은 대개 잘못되었음에도 일단 각인되고 나면 나중이 되어서도 수정하려고 하지 않습니다.

죽음은 그 자체로는 선도 악도 아닌데 악이라고 판단하는 사람이 많습니다. 하지만 그와 같이 판단하면 죽음의 두려움에 사로잡혀 사는 기쁨을 느끼지 못하게 됩니다.

부와 명성을 얻어 성공하는 것 역시 선악무기하지만, 상식적인 생각에 따르면 그것을 얻기 위해 급급해하며 살게 됩니다. 설

령 성공해서 부를 얻을 수 있다고 하더라도 그것을 잃게 될까 봐 두려워하면서 살게 되겠지요. 결국 성공하지 못하면 행복하게 살 수 없게 되고 맙니다.

지금 시대의 선악을 안다

선도 악도 '아니다'라고 판단하려면 선과 악이 '무엇'인지를 알아야만 합니다. 아우렐리우스는 선악무기한 것에 무관심해지라고 말하지만, 이런 말만으로는 충분한 설명이 되지 않습니다.

선악무기하다고 봐야 하는 이유는 이런 것들은 언제 어느 때 잃게 될지 아무도 모르기 때문입니다. 무엇이 선인지 악인지를 판단하는 이성이 올바로 작용하는 상태를 그리스어로는 '아레테'라고 말합니다. 이는 '덕(德)'이라고 번역하는데, 그리스어의 본래 의미는 좋은 사람이라고 할 때의 '좋음(우월한 것, 탁월성)'입니다.

무엇을 가지고 좋다고 하느냐, 어떤 것을 우월하다고 여기느냐는 시대나 사회에 따라 다릅니다. 군인이거나 태생이 고귀한 사람을 우월하다고 여기던 시대가 있습니다. 정치가를 우월하다고 여기던 시대도 있습니다. 일본에서는 박사나 장관이 되는 게 제일이라 여기던 시대도 있었지만, 요즘 젊은이 가운데 어린 시절부터 학자나 정치가를 동경하는 사람은 많지 않은 것 같습니다.

그리스에는 정치가로서 국가 유수의 인물이 되기를 꿈꾸는 청년이 많았습니다. 출신과는 상관없이 지식만 있으면 정치가가 될 수 있었지요. 그래서 청년들은 보수를 받고 가르치는 직업 교사인 소피스트에게 정치가가 되기 위해 필요한 변론술을 배웠습니다.

소피스트는 정치가가 되어 성공하는 일이 과연 선인가 악인가에 대해 의문을 제기하지 않았지만, 소피스트를 비판한 소크라테스는 무엇이 선이고 무엇이 악인지를 판단할 수 있는 사람이야말로 아레테가 있는 사람이라고 생각했습니다.

소크라테스는 청년들과 문답하며 세상의 가치관을 흔들었습니다. 그 때문에 그는 청년들에게 해악을 끼친다는 이유로 고소당했고, 결국에는 사형에 처했지요. 지금 시대 또한 성공은 선으로 간주됩니다. 과연 성공하는 것이 정말 선인지 즉, 성공이 행복을 보장해 주는지를 생각하는 사람은 많지 않지요. 실패하는 것보다 성공하는 게 낫다, 병에 걸리는 것보다 건강한 게 낫다, 돈도 없는 것보다 있는 게 낫다고 생각하는 사람도 많습니다. 그런 건 당연하다고 생각하는 사람이 대부분이겠지요. 모두가 당연하다고 생각할 때 정말로 그런지 멈추어 생각하게 하는 것이 철학입니다.

아우렐리우스는 재산, 지위, 성공과 같은 일반적으로 선이라고 생각되는 것은 그것 자체로는 선악무기 즉, 선도 악도 아니라고 생각했습니다.

소크라테스는 그것들에 아레테가 동반되면 선이 되지만, 그것이 없으면 악이 되고, 그것을 가진 사람을 불행하게 만든다고 생각했지요. 소크라테스가 말하는 아레테란 '선악의 지(知)'입니다. 앞에서 본 것처럼 어떤 상황에서든 어떤 것이 선이고 어떤 것이 악이라고 일의적(一義的)으로 정해져 있는 것이 아닙니다.

돈을 소유하는 것은 좋다고 간주됩니다. 실제로 돈이 있음으로써 생활고에서 벗어나기도 하지만, 돈을 잘못 사용하거나 어떻게 사용할지 모르면 사람을 불행하게 만들기도 합니다. 큰돈을 손에 쥐고 신세를 망치기도 하지요. 그런 사람에게는 선악의 지가 결여되어 있습니다.

소크라테스는 법정에 섰을 때 배심원들 앞에서 다음과 같이 말했습니다.

"자네들은 돈을 가능한 한 많이 손에 넣는 일과 평판, 명예에는 신경을 써도, 진실에는 신경을 쓰지 않고 영혼을 가능한 한 뛰어난 것으로 만드는 일에는 신경을 쓰거나 걱정하지 않으면서 부끄럽지도 않은가."《소크라테스의 변명》)

소크라테스에게도 돈이나 평판, 명예는 그것 자체로는 선이 아닙니다. '행복'이 되려면 그것들이 선인가 즉, 도움이 되는가를 생각하지 않으면 안 됩니다. 어떤 일이든 상황에서 벗어나 선이냐 악이냐가 결정되는 것이 아니기에 부단한 검증이 필요합니다.

괴로운 인생을 살아낸다

반대로 병에 걸리거나 부모를 잃는 것처럼 보통 악이라고 여겨지는 일이라도 그것 자체는 악이 아닙니다. 일반적으로 악이라고 여겨지는 일이라도 그것이 우리 신변에 닥쳤을 때 올바로 받아들이고 대처하면 선이 될 수도 있다는 사실을 알고 있으면 고통 많은 인생을 그럭저럭 살아낼 수 있습니다.

'이런 일이 일어났으니 나는 불행하다'. 그렇지 않다.
'그런 일을 당했는데도 압도당하지 않고, 미래를

두려워하지 않고, 괴로워하지 않으니 나는 행복하다'.
불운은 누구에게나 일어날 수 있었지만, 모두가
담담하게 불운을 견뎌낼 수 있는 건 아니기 때문이다
(4·49)

    슬픈 일이나 괴로운 상황에 직면했을 때 왜 나만 이런 일을 당하느냐며 원망하게 될 때도 있고 자신이 참으로 불행하게 느껴지기도 하지만, 불운은 반드시 악이고 나를 불행하게 하는 것이 아니라 선악무기한 것입니다.

    슬픔이 치유되고, 고통에서 벗어나는 데에는 오랜 시간이 걸리지만, 일어난 일 자체로는 불행이 아닙니다. 아우렐리우스는 비운에 사로잡히거나 앞으로 자신이 어떻게 될지 미래를 불안해하며 절망하는 일 없이 견디는 힘이 있다고 생각하는 것이 행복이라고 말합니다.

    불행의 소용돌이에 있는 사람이 이렇게 생각하기는 어렵겠지만, 앞에서도 본 것처럼 아우렐리우스가 '너 자신이 성취하기 어려운 일이라고 해서 그것이 인간에게 불가능한 일이라고 생각해서는 안 된다'(6·19)라고 말한 것은 괴로워하지 않고 담담하게 사는 것에도 해당합니다.

타자도 선악무기

병에 걸리는 일이나 늙는 일, 재해를 입는 일뿐 아니라 타자 역시 선악무기합니다.

> 한쪽의 이치로 보면, 인간에게 도움이 되는 일을 하고, 그를 견뎌내야 하는 한, 인간은 우리에게 가장 가까운 존재다. 하지만 어떤 인간이 나의 의무수행을 방해한다면, 그는 태양, 바람, 짐승과 마찬가지로 내게 선악무기한 존재가 될 것이다 (5·20)

마치 태양이 그 강한 햇살로 활동을 방해하는 것처럼 사람과 관계할 때도 '견디지 않으면 안 될 때'가 있습니다. 하지만 모두가 싫은 사람일 수는 없고, 싫은 사람이라도 항상 나에게 모질게 굴지는 않겠지요. 그런 사람이라 할지라도 '도움이 되는 일'을 해야 합니다.

그만큼 인간은 가까운 관계이기에 나의 일을 방해하면 악이 됩니다. 하지만 아우렐리우스는 인간은 선악무기하다고 말합니다. 뜨거운 햇볕 아래를 걷는 일은 괴롭지만, 해가 비추지 않으면 작물은 여물지 않습니다. 타자나 본인이나 좋은 사람, 나쁜 사람이라고 정해져 있는 것이 아닙니다.

> 그것들로 인해 활동은 방해받겠지만, 내 의지나
> 마음가짐에는 아무런 방해가 되지 못한다. 왜냐하면
> 이성은 자신의 활동을 방해하는 것을 오히려 자신을
> 돕는 것으로 전환하기 때문이다. 그리하여 활동을
> 방해하던 것이 오히려 보탬이 되고, 길을 가로막았던
> 것이 오히려 길을 열어준다 (5·20)

이처럼 아우렐리우스는 타자가 활동을 방해하는 일이 있다 하더라도 도움이 되는 것으로 바꿀 수 있다고 말합니다. 저항이

있어야 그것을 피하는 방법을 찾을 수 있습니다. 자신이 좋을 거라고 생각하는 일이 누군가에게 방해받는다면 자기가 하는 일 어딘가에 개선의 여지가 있을지도 모른다고 생각해보면 됩니다.

타자는 선이나 악이 된다기보다는 다른 외부에서 닥치는 사건과 마찬가지로 앞길을 가로막고, 권한 내에는 없는 것처럼 생각됩니다. 그럼에도 타자를 도움이 되는 방향으로 바꾸기 위해서 할 수 있는 일을 생각해야만 하고, 나아가서 남에게 친절을 다하고, 그 사람에게 도움이 되는 일을 해야만 합니다.

생과 사는 선악무기인가

중요한 것은 선이냐 악이냐 하는 판단은 본인밖에 할 수 없다는 사실입니다. 병에 걸려서 좋을 건 없습니다. 그렇지만 병에 걸렸다며 한탄만 하고 있어봤자 괴로운 마음만 깊어질 뿐입니다.

증상이 조금 가라앉거나 나아져서 퇴원했을 때 병으로 쓰러졌던 일은 괴롭고 힘들었지만, 그 경험을 통해 배운 것도 있다고 생각하는 사람도 있을 겁니다. 병에 걸리기 전까지는 건강을 과신하고 일에만 열중하는 일 중독자의 생활을 했지만, 병에 걸린 후로 생활 태도를 바꿀 수 있었으니, 병에 걸린 것도 나쁘지 않았다고 생각하는 식으로 말입니다. 이는 제가 심근경색으로 쓰러졌을 때 배운 것입니다.

하지만 병에 걸리는 것에도 좋은 점이 있다는 말은 병에 걸린 당사자야 할 수 있겠지만, 병에 걸리지 않은 사람이 병에 걸린 사람에게 말하기는 어렵습니다. 물론 격려할 생각으로 말할 수도 있겠지만, 그런 말을 들은 쪽은 기분이 그다지 좋지 않겠지요. 병자 입장에서는 강 건너 안전지대에서 말을 거는 기분이 들거나 병자의 아픔과 고통도 모르면서 잘도 그런 말을 한다고 생각할 수도 있습니다.

아우렐리우스는 생사는 선악무기라고 생각하는데, 개인적으로는 생과 사를 선악무기라고 보는 관점에는 문제가 있다고 생각합니다. 사는 것이 그 자체로는 선이라고도 악이라고도 할 수 없다면 악인 삶, 쓸모없는 삶이 존재하게 되기 때문입니다.

의미 없는 삶은 없습니다. 사는 것을 선악무기로 보면 다른 사람에게 민폐만 끼치는 자신은 살아 있어서는 안 된다고 생각하는 사람이 생깁니다. 게다가 내 삶의 가치를 다른 사람이, 혹은 세상이 결정할 수 있게 되면 문제가 생깁니다. 아무것도 못 하는 당신은 더 이상 가치가 없다고 직접 말하는 사람은 없다 하더라도, 모두가 자신을 살 가치가 없는 사람이라고 생각할까 봐 걱정하게 될 수도 있습니다. 이 부분에 관해서는 죽음에 대한 아우렐리우스의 생각을 살펴보면서 다시 한번 다루겠습니다.

10장

운명을
받아들인다

'운명'이라는 단어를 사용하는 사람이 많습니다. '그건 운명이었다'처럼 인생이 자신이 원하지 않는 방향으로 나아갔을 때 주로 쓰지요. 앞에서도 본 곤란 가운데 특히 항변하기 어렵게 느껴지는 운명에 어떻게 대처하면 좋을지 생각해보겠습니다.

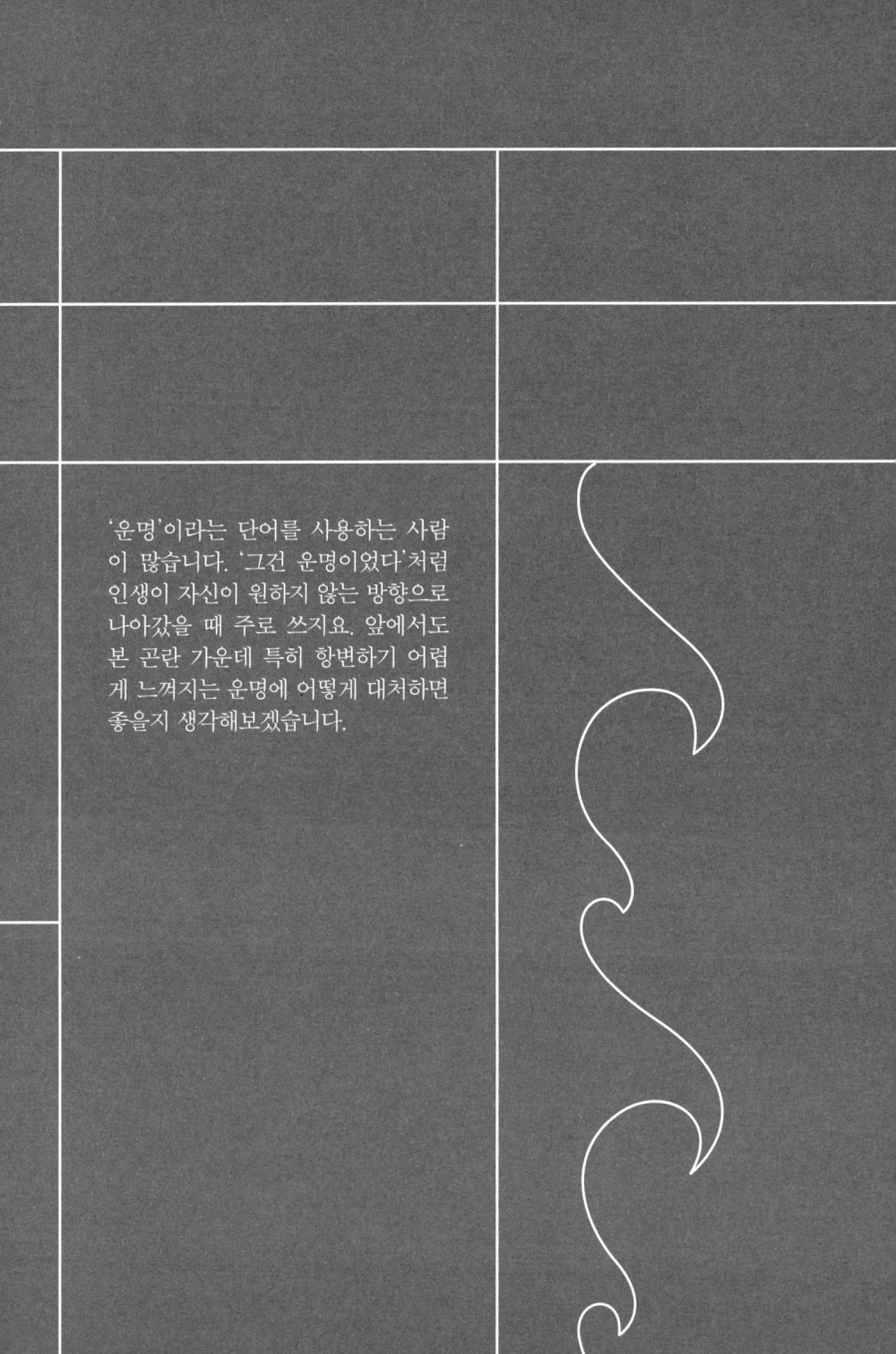

모든 것은 운명인가

세상 모든 일은 신의 섭리로 가득 차 있다. 우연한 일도 자연 없이는 즉, 섭리가 지배하는 사물에서 짜인 것 없이는 일어나지 않는다. 그리고 만물은 신의 섭리에서 비롯된다. 게다가 네가 그 일부에 속하는 우주 전체의 조화에 유용한 모든 부분에도 유익하다 (2·3)

아우렐리우스는 '이 세계에 우연은 없고, 모든 것은 신의 섭리 아래에서 정의에 따라 일어난다. 게다가 일어나는 일은 우주 전체에는 유익하다'라고 말합니다.

이처럼 모든 것이 운명이나 신의 섭리 아래에서 일어난다면 삶의 의미를 어디에서 찾을 수 있을지를 생각하지 않을 수 없습니다.

'일어나는 일 모두가 우연이냐' 하면 그렇지 않다고 생각하는 사람도 있겠지요. 미키 기요시는 운명에 관해 다음과 같이 말합니다.

"인생의 모든 일은 우연이다. 하지만 인생의 모든 일은 필연이다. 이러한 인생을 우리는 운명이라고 칭한다. 만약 모든 것이 필연이라면 운명이라는 것은 생각할 수 없을 것이다. 하지만 만약 모든 것이 우연이라면 운명이라는 것을 역시 생각할 수 없을 것이다. 우연인 것이 필연의, 필연인 것이 우연의 의미를 가지기 때문에 인생은 운명인 것이다."《인생론 노트》

인생의 모든 일에는 필연과 우연의 양면이 있습니다. 모든 것이 우연이라면 운명이라는 것을 생각할 수 없습니다. 반대로 모든 것이 필연이어도 운명이라는 것을 생각할 수 없습니다.

길에서 누군가와 스쳐 지나가는 것은 우연이지만, 이를 두고 누구도 운명이라고는 생각하지 않습니다. 손에서 놓친 돌이 지면에 떨어졌을 때 돌이 지면에 부딪힌 것을 두고 그것이 돌의 운명이었다고는 생각하는 사람은 아마 없겠지요.

모든 것이 자연계의 법칙처럼 미리 정해져 있다면 내가 무엇을 하든 결과는 마찬가지입니다. 필연이 아니라 다른 일도 일어날 수 있었는데 이렇게 되었다는 생각이 들기 때문에 일어난 일이 운명이라고 생각되는 것입니다.

반대로 모든 일어난 일이 우연이라고 생각된다면 내일 날씨는커녕 바로 뒤에 무슨 일이 일어날지도 알 수 없습니다. 그렇게 되면 이걸 하면 이런 결과가 나올 거라는 간단한 예상조차 할 수 없겠지요.

인생을 살 때, 아무런 제약 없이 자유롭게 살 수 있느냐 하면 그렇지 않다는 사실을 많은 사람이 알고 있을 겁니다. 그런데 인생이 뭐든지 생각대로 된다는 사람도 있습니다. 그렇게 말하는 사람은 좌절한 경험이 없을 테고, 자기 마음대로 되지 않는 일을 경험했을 때도 자신에게 무슨 일이 일어났는지를 올바로 이해하지 못했을지도 모릅니다. 저는 뭐든지 마음대로 된다고 생각해본 적이 없어서 인생이 마음대로 된다고 자신 있게 말하는 사람이 있다는 사실이 놀라울 뿐입니다.

열심히 공부했는데 시험에 떨어지는 것 같은 일은 나중에 돌아보면 만회할 수 없는 큰 좌절은 아니지만, 그 당시에는 그렇게 생각되지 않습니다. 직장을 잃거나 부모님을 잃는 경험은 그보다 큰 사건이지만, 이런 인생의 앞길을 가로막는 경험을 하는 한편, 때로는 인생을 크게 바꿀 사람과의 만남도 경험합니다. 그런 만남도 우연이라고는 생각되지 않습니다. 우리는 '해후(邂逅)'라는 말을 사용할 때가 있습니다. 철학자 구키 슈조(九鬼周造)는 운명에 관해 다음과 같이 말합니다.

"우연한 일인데 그것이 인간의 생존에 있어서 매우 큰 의미를 지닐 때 운명이라고 합니다"(《우연과 운명》)

의미는 자신이 부여하는 것입니다. 자신이 생각하는 대로의 인생을 순조롭게 살 수는 없지만, 제약 안에서도 운명에 농락당하지 않고 살 수는 있지 않을까요? 아우렐리우스는 운명에 관해 뭐라고 말하는지 조금 더 살펴봅시다.

기쁘게 받아들여라

> 무언가를 좇지도 말고, 피하지도 말고 살라 (3·7)

이것만 읽으면 소극적인 삶의 방식을 권하는 것처럼 보이는데 아우렐리우스가 왜 이렇게 말하는지를 조금 더 살펴봅시다.

> 자진해서 네 모든 것을 클로토에게 맡기고, 여신이
> 바라는 대로 네 운명을 짓게 하라 (4·34)

클로토는 그리스 신화에 나오는 세 명의 운명의 여신 가운데 한 사람입니다. 라케시스는 과거, 아트로포스는 미래, 그리고 클로토는 현재를 관장하는 신이지요.

> 일어나는 일에 기꺼이 따르는 것은 이성적 동물에게만 허용되며 다른 모든 존재는 그저 따를 뿐이다 (10·28)

여기서 아우렐리우스는 기꺼이 따른다고 말합니다. 건강한 눈은 보이는 것은 뭐든지 봅니다. 초록색만 보고 싶다고 말하지 않지요. 청각이나 후각도 마찬가지입니다.

> 따라서 건강한 마음은 모든 일어나는 일에 각오가 되어 있어야만 한다. 만약 누군가 내 자식만 도와주라고 하거나 자신이 하는 일은 뭐든지 칭찬하라고 한다면 이는 초록색만을 보고 싶어 하는 눈이나 부드러운 것만을 씹고자 하는 이와 같다 (10·35)

무슨 일이든 자기에게 좋을 대로 일어나지는 않습니다. 남의 아이는 도와주지 않으면서 내 아이는 누군가가 도와주기를 바라는 부모가 있을지도 모릅니다. 자녀를 여럿 잃은 아우렐리우스도 자신에게 닥쳐오는 사건을 마음 편히 받아들이지는 못했겠지요.

무슨 특별한 일 때문이 아니더라도 타자는 성가신 존재라는 사실을 지금까지 봐왔습니다. '내가 하는 일을 뭐든지 칭찬'하는 사람은 타자가 자신의 기대를 충족시키기 위해 살고 있다고 생각하지만, 그럴 리는 없고 자기 생각에 반대하는 사람은 당연히 존재하기 마련입니다.

자신에게 일어난 일(운명)을 사랑하고, 환영하라 (3·16)

독일 철학자 니체는 '운명애(運命愛)'라는 말을 썼습니다.

"인간의 위대함을 나타내는 나의 공식은 운명이다. 어떤 것도 다를 거라고 생각하지 말라. 미래에서도, 과거에서도, 영원 전체에서도. 필연적인 것을 견디고, 그것을 감추지도 말라. 온갖 이상주의는 필연적인 것 앞에서는 허위다. 그러니 필연적인 것을 사랑하라."

니체에 따르면 이 세상에 존재하는 것은 모두 필연적으로 그런 것이며, 지금과는 다른 방식으로 존재하지 않습니다. 이것을 미래영겁에 걸쳐 반복하는 것입니다. 아우렐리우스도 다음과 같이 말합니다.

모든 것은 영원한 때부터 같은 형태로 영겁 회귀한다
(2·14)

하지만 일어나는 모든 일은 옳으며, 그것을 받아들이고, 거기에 더해 사랑하라는 아우렐리우스의 생각, 운명을 그대로 받아들이라는 니체의 운명애라는 생각에 저는 입장이 조금 다릅니다. 나에게 일어나는 모든 불행이 옳다고는 도저히 받아들이기 어렵기 때문입니다. 만약 나에게 일어나는 것이 모두 '자연에 입각해서' '옳다'라고 한다면 불행하고 불합리한 사건은 일어나지 않고, 악도 존재하지 않을 테니까요. 그런 일이 일어났다고 해도 의미 있는 일이 됩니다.

자진해서 운명에 자신을 맡긴다는 것은 무슨 말일까요? 아우렐리우스는 아폴론의 자녀라고 여겨지는 명의이자 나중에 의학의 신이 된 아스클레피오스의 처방에 비유하며 다음과 같이 설명합니다.

'아스클레피오스는 어떤 이에게는 승마, 혹은 냉수욕, 맨발 걷기를 처방했다'라고 하는데, 다음 말도 같은 뜻이다. '만유의 자연은 어떤 이에게는 병을, 혹은 불구를, 혹은 사지의 절단을 처방했다(할당했다)'.

왜냐하면 전자에서 '처방했다'라는 것은 다음과 같은
의미이기 때문이다. '어떤 이에게 건강에 기여하는
것으로써 할당했다'고. 후자는 '각 사람에게 일어난
것은 운명에 유익한 것으로 할당되었다'라는 뜻이다
(5·8)

아우렐리우스가 쓴 '일어나다(symbainein)'에는 '잘 맞는다'라는 의미가 있습니다. 성벽이나 피라미드의 네모난 돌이 조화롭게 맞아들어 가 있다고 장인들이 말하는 것처럼 말이지요.

전체적으로 보아 우주에는 하나의 조화가 있고, 모든
물체가 결합하여 하나의 완전한 세계를 이루듯, 운명은
온갖 원인이 결합하여 하나의 완전한 원인을 이룬다
(5·8)

자기 신변에 어떤 일이 생겼을 때 '운명이 이를 불러왔다'라고 말하기도 합니다. 처방된 것입니다. 따라서 아우렐리우스는 아스클레피오스가 처방한 것으로 생각하고 운명을 받아들여야 한다고 말합니다.

> 그중에는 쓴 약이 많다. 하지만 건강을 기대하며
> 그것을 받아들인다 (5·8)

아우렐리우스는 자연에 좋다고 생각되는 것이 완성되는 것을 건강과 마찬가지로 생각해야 한다고 말합니다.

> 그러니 일어나는 모든 일이 가혹하게 생각되더라도
> 흔쾌히 받아들여라 (5·8)

그렇게 하는 것이 '우주의 건강'과 '제우스가 하는 일의 진척과 성공'으로 이어지기 때문입니다. 우주를 관리하는 자를 아우렐리우스는 '제우스'라고 부릅니다.

> 제우스는 우주 전체에 유익하지 않으면 한 인간에게
> 그런 것을 가져다주지 않았을 것이다. 왜냐하면 어느
> 자연에서도 자신에게 종속된 다른 존재에게 이롭지
> 않은 것을 보내지 않기 때문이다 (5·8)

개인이라면 비록 '쓴' 처방을 받더라도 그것이 건강에 기여한다는 사실을 알기에 기꺼이 의사가 처방한 약을 먹고, 생활을 개

선하려고 노력할 겁니다. 그런데 '전체의 이익'을 과연 개인의 건강에 비유할 수 있을지를 생각해보지 않으면 안 됩니다.

약이라면 몰라도 갑자기 병으로 쓰러지는 일이나 선천적으로 병약한 것, 또 신체의 부자유, 나아가서는 상실(아이를 잃는 일 등)이 전체에 이익이 되니 받아들이라고 하면 쉽게 받아들이기가 어렵지 않을까요? 저는 이런 경우에 전체의 이익이 되니까 받아들이는 일은 불가능하며 받아들여서는 안 된다고 생각합니다.

일어나는 일은 선한 일인가

자연에 입각해서 나쁜 것은 없다 (2·17)

모든 일은 정당하게 일어난다 (4·10)

이 세계에는 어떤 섭리가 있어서 모든 일이 정당하게 일어난다면 늙음이나 병, 죽음, 재해 등은 모두 의미 있는 것이 되는데, 이러한 사고방식은 현상을 추인하는 것이 아닐까요? 그저 비참하게만 느껴지는 사건을 우주 전체에서 보면 어떠한 의미가 있을 거라고 생각하며 받아들이는 일이 과연 가능할까요?

물론 지진이나 해일을 비롯한 자연재해는 인간의 힘으로는 어떻게 할 수 없는 일이지만, 원전 사고는 분명한 인재입니다. 애초에 원전이 없었다면 사고도 일어나지 않았을 테니까요. 이러한 일에 관해서도 일어날 만한 일이 일어났다고 생각하면 위정자에게는 좋은 핑곗거리가 되겠지요.

개인적인 이야기를 하자면 지금까지 건강에 그다지 신경 쓰지 않았던 사람이 병에 걸린 것을 계기로 생활을 개선하게 된다면, 그것이 선이라고 할 수 있을지도 모릅니다. 생활 습관뿐 아니라 병을 계기로 가치관을 재정비하는 사람도 있겠지요. 그전까지는 일만 열심히 하며 살던 사람이 병을 앓고 난 후에 일보다 중요한 것이 있다는 사실을 깨닫고, 일에만 시간을 투자하지 않게 되는 것 같은 일 말입니다.

그렇지만 회복이 전제되어 있어야 비로소 병에 걸려서 오히려 잘됐다거나 병에 걸리는 것에도 어떤 의미가 있다고 생각할 수 있습니다. 만약 그대로 병이 악화하여 죽게 된다면 병에 걸려서 잘되었다고 말하기는 어렵겠지요.

다음 장에서는 아우렐리우스가 죽음에 관해 어떻게 생각했는지 살펴봅시다.

11장

죽음에 관하여

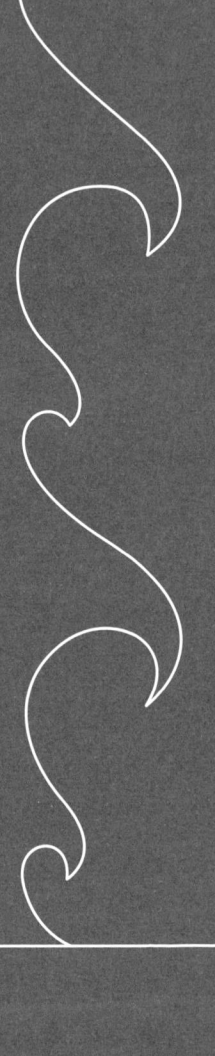

죽음은 '각각의 생물이 합성된 원소로의 해체'(2·17)라고 생각했던 아우렐리우스는 영혼의 불사를 확신하지는 않았던 것 같습니다. 아우렐리우스에게 죽음은 절실한 문제였습니다. 오늘날의 정치인은 자신은 안전한 곳에 있으면서 나라를 지켜야 한다고 말만 번지르르하게 하지만, 아우렐리우스는 계속되는 전란 속에서 스스로 전선으로 향했고, 그곳에서 많은 병사의 죽음을 목격했습니다. 그런 아우렐리우스는 항상 죽음과 마주하고 있었을 겁니다. 또, 가족의 죽음을 목격해왔기에 자기의 죽음도 의식하지 않을 수 없었겠지요

죽지 않는 사람은 없다

모든 것은 본성적으로 죽게 되어 있다 (10·18)

'모든 것은 본성적으로 죽게 되어 있다'라는 사실은 누구나 알 겁니다. 그런데도 죽음은 나와는 아주 먼 일이라고 생각하는 사람이 많겠지요. 어쩌면 그렇게 생각하기에 살아갈 수 있는 건지도 모릅니다. 플라톤은 "사람은 평온 속에서 죽어야 한다'라고 소크라테스의 입을 빌려 말하고 있지만(《파이돈》), 최후의 순간까지 '죽고 싶지 않다, 살고 싶다"라고 생각하는 것이 오히려 당연하고,

이 세상에 집착하지 말아야 한다고 말하는 사람이 있다면 죽으러 가는 사람의 마음을 몰라서 그렇게 말하는 게 아닐까 싶습니다.

우리는 죽음이 무엇인지 알 수 없습니다. 살아 있는 한, 누구도 자기의 죽음을 경험할 수 없기 때문입니다. 죽음이 어떤 것인지는 타자의 죽음을 보고 상상할 수밖에 없지요. 하지만 타자의 죽음과 자기의 죽음은 결정적으로 다릅니다. 타자는 죽으면 우리가 사는 세계에서 그 존재가 사라집니다. 그런 의미에서 타자의 죽음은 '부재'인데, 타자가 이 세계에서 사라져도 세계가 사라지는 것은 아닙니다.

한편, 자기가 죽으면 어떻게 될지는 죽고 나서 생환한 사람이 아무도 없기에 알 수 없습니다. 한 가지 가능성으로 아우렐리우스가 생각한 것처럼 죽으면 무(無)가 되어 자기가 살던 세계도 소실되는 것을 생각해볼 수 있습니다.

그런데 부재의 감각은 받아들이기가 쉽지 않습니다. 나는 오늘 아침에 잠에서 깼습니다. 그런데 죽은 사람은 앞으로 계속 깨어날 일이 없지요. 바로 얼마 전까지 함께 있던 그 사람은 대체 지금 어디에 있을까요? 이 세계가 아니라는 것만은 분명합니다. 이 세계가 아니라고 한다면 이 세계에 있는 한 죽은 사람을 만날 수는 없습니다. 미키 기요시는 다음과 같이 말합니다.

"설령 내가 백만 년을 살 수 있다고 해도, 나는 이 세상에서 다시는 그들과 만날 수 없다는 것을 안다. 그 확률은 제로다. 나는 물론 내가 죽으면 그들을 만날 수 있는지도 확실히는 알지 못한다. 하지만 그 확률이 제로라고는 누구도 단언할 수 없을 것이다. 죽은 자의 나라에서 돌아온 자는 없을 테니 말이다. 두 확률을 비교할 때 후자가 전자보다 클 가능성은 존재한다. 만약 내가 둘 중 어느 것에 걸어야 한다면 나는 후자에 걸 수밖에 없을 것이다."《인생론 노트》)

미키 기요시가 말하는 것처럼 죽는다고 해서 죽은 이와 재회할 수 있다는 보장은 없습니다. 하지만 그 확률이 완전히 제로냐 하면 그렇다고는 할 수 없습니다. 확실한 것은 이 세상에 있는 한, 결코 죽은 자와 재회할 수 없다는 사실입니다.

"나에게 죽음의 공포는 어떻게 희미해져 갔을까. 나와 친했던 사람과 사별하는 일이 점차 많아졌기 때문이다. 만약 내가 그들과 재회할 수 있다면—이는 내 가장 큰 희망이다—이는 내가 죽지 않으면 불가능할 것이다."《인생론 노트》)

사별한 사람과 재회하는 것이 가장 큰 희망인 미키 기요시에게는 죽은 사람과 재회한다면 자기 죽음에 베팅할 수밖에 없습니다.

이루어질 수 없는 소망이라는 걸 알아도, 만약 가능하기만 하다면 다시 한번 만나고 싶다고 생각하지 않는 사람은 없겠지요.

'부재'라는 단어도 적절하지 않을지 모릅니다. 사람은 누구나 다른 사람과 연결되어 살아갑니다. 자신과 타자는 다른 인격이고, 물건처럼 가까이, 혹은 멀리 떨어져 있지만 서로 아무런 관계도 없는 것이 아니며 설령 물리적으로는 멀리 떨어져 있더라도 가까이 느껴지는 사람도 있고, 반대로 물리적으로는 가까이 있어도 멀게 느껴지는 사람도 있습니다. 어째서 어떤 사람과의 관계는 멀고, 어떤 사람과의 관계는 가깝게 느껴질까요? 사람과 사람은 물건처럼 무관계한 것이 아니라 어떤 관계 안에 있기 때문입니다.

자신이 가까운 사람에게 영향을 받아서 상대방을 알기 전과는 달라졌다고 느낄 수도 있습니다. 신약성경에 다음과 같은 말이 있습니다.

"이제는 내가 사는 것이 아니오. 오직 내 안에 그리스도께서 사시는 것이라."《갈라디아서》

이는 초기 기독교 사도인 바울의 말입니다. 내 안에 있는 그리스도가 나를 살리고 있다는 뜻입니다. 바울은 처음에 예수님의 제자들을 박해했는데, 어느 날 갑자기 하늘에서 강한 빛이 쏟아지며 "왜 나를 박해하느냐?" 하는 예수님의 목소리를 들었습니다.

하늘의 빛을 받고 말에서 떨어지는 바울의 모습을 묘사한 그림도 있습니다. 이렇게 바울은 회심했는데, 회심 전과 후의 그가 같은 사람일 수는 없습니다.

종교적 체험 외에 누군가를 사랑할 때도 우리는 이와 비슷한 경험을 합니다. 사랑에 빠진 사람은 자신이 더 이상 혼자라고 생각하지 않을 겁니다. 누군가를 사랑하기 전과 후에 아무것도 변하지 않는다면 사랑하지 않는 것과 아무런 차이도 없는 것이 됩니다.

사랑하는 두 사람이 죽음에 의해 헤어진다면 단순하게 한 사람의 부재에서 끝나지 않습니다. 자신의 일부를 잃은 것처럼, 더 심하게 말하자면 자기 일부가 죽는 것처럼 느끼기 때문입니다.

같은 말을 죽은 사람에게도 똑같이 적용할 수 있습니다. 죽은 사람이 어떤 식으로든 존속하면 죽은 사람이 있는 세계에서는 죽은 사람에게 산 사람은 부재하기 때문입니다.

한편 자신에게 죽음이 어떤 것으로 다가올지는 아무도 모릅니다. 한 가지 가능성으로 죽음은 무가 되는 것이고, 자신이 살던 세계도 자신과 함께 사라질 거라고 생각해볼 수 있겠지요. 만약 죽음이 무가 되는 것이라면 죽음을 앞두고 어떻게 살면 좋을지, 아우렐리우스가 어떻게 생각했는지 조금 뒤에 살펴보겠습니다.

새로운 시작을 위한 잠깐의 멈춤

죽음은 출생과 마찬가지로 자연의 신비다 (4·5)

아이가 태어났을 때, 마냥 기뻐하지 못하는 사람도 있을 테니 누구나 아이의 탄생을 기뻐한다고 일반화할 수는 없지만, 어떤 상황에서 태어나는 아이라도 그 얼굴만 들여다봐도 마음이 설레고 자기도 모르게 미소가 지어집니다. 사람이 죽을 때 그것을 기뻐하는 일은 없고, 슬픔에 빠지게 되는 것과는 대조적이지요.

죽음도 출생과 마찬가지로 선택의 여지가 없으며(12·23), 이 우주에서 일어나는 자연의 일이라고 생각하면 죽음을 두려워하거나 슬퍼할 일도 없을 겁니다.

하지만, 태어나는 것이 괴로운 일이라고 생각하는 사람도 있습니다. 아이가 태어났을 때는 그 아이가 앞으로 어떤 인생을 살게 될지 아이도, 아이의 부모도 모릅니다. 그 이유는 미래가 아직 오지 않았다기보다는 없기 때문인지도 모르고, 자신을 기다리고 있는 운명을 모르기 때문인지도 모릅니다.

어느 쪽이든 인생에서 무슨 일이 일어날지를 미리 알 수는 없습니다. 게다가 무엇을 힘들다고 말할지도 자명하지 않기에 앞으로 살아갈 인생에 관해서 처음부터 힘들다고 결정하는 것은 본래 불가능할 겁니다.

그리스의 일곱 현인 가운데 한 사람인 아테네의 정치가 솔론에게 막대한 부(富)의 소유자로 알려진 류디아 왕국의 왕 클로이소스가 "당신이 만난 사람 가운데 가장 행복한 사람은 누구인가?"라고 물었습니다(헤로도토스의 《역사》). 클로이소스는 당연히 자기 이름을 듣게 될 거라고 생각했는데, 솔론은 행복한 사람으로 클레오비스와 비톤 형제의 이름을 언급했습니다.

어느 날 형제는 헤라 여신의 제례에 어머니를 모시고 가려고 했습니다. 그때 어머니를 달구지에 태우고 신전에 가려 했는데,

밭일 때문에 소를 데려갈 수 없어서 두 사람이 달구지를 직접 끌고 신전까지 갔습니다. 어머니는 효성스러운 아들들에게 인간으로서 얻을 수 있는 최고의 것을 내려달라고 빌었는데, 희생과 향연의 행사가 끝난 뒤 신전 안에서 잠든 두 사람은 두 번 다시 눈을 뜨지 않았다고 합니다.

효도한 아이들에게 최상의 운이 요절이라니 납득하기 어렵지만, 솔론이 클로이소스에게 '인간은 살아 있는 동안 여러 가지 보고 싶지 않은 것을 보아야 하고, 만나고 싶지 않은 일을 만나야만 한다'라고 말하는 것을 들어보면 일리가 있다는 생각도 듭니다.

플라톤은 다음과 같이 말합니다.

"어떤 생명이든 태어난다는 것은 처음부터 괴로운 일이다."(《에피노미스》)

그리스인에게 태어나지 않는 것이 무엇보다 큰 행복이고, 다음으로 행복한 것은 태어난 이상 가능한 한 빨리 죽는 것이었습니다. 이런 그리스인의 사생관(死生觀)을 알면, 죽음이 악이라는 생각은 고정관념이라는 사실을 깨닫게 됩니다.

하지만 태어나는 것, 사는 것이 단지 괴롭기만 한 것인가 하면 그것 역시 자명하지는 않습니다. 나가사키에서 피폭당한 작가 하야시 교코(林京子)는 다음과 같이 말합니다.

"열너댓 살에 떠난 친구들은 청년의 아름다움도, 강하고 다정

한 팔에 안기는 일도 없이 떠나간 것이다. 사랑하는 즐거움, 가슴의 괴로움을 맛보게 해주고 싶었다."《긴 시간에 걸친 인간의 경험(長い時間をかけた人間の経験)》)

물론 연애가 반드시 성취된다고는 할 수 없습니다. 실연의 고통은 '사랑하는 즐거움'을 능가합니다. 그렇지만 괴로움도 살아 있어야 경험할 수 있지요.

어린아이를 남겨두고 젊은 나이에 세상을 떠난 제 친구는 딸이 성인이 되는 것을 보지 못하면 죽어도 죽을 수 없다고 하더군요. 아이의, 그리고 자신의 인생이 어떻게 될지는 모릅니다.

죽음 역시 그렇습니다. 그것이 어떤 것인지는 아무도 모릅니다. 어떤 것인지 모르는 것에 불안을 느끼게 되더라도 두려워할 필요는 없습니다. 앞에서도 살펴본 것처럼 아우렐리우스는 삶도 죽음도 그 자체로는 선이라고도 악이라고도 할 수 없는 선악무기한 것이라고 말합니다.

앞으로 어떻게 될지 모른다고 하더라도 지금 살아 있다는 사실은 분명하기에 기뻐하지 않을 이유가 없습니다.

> 죽는다는 것은 무엇인가. 죽음 자체만을 보고,
> 이성으로 분석함으로써 죽음이 연상시키는 것을
> 제거하고 나면 죽음이 자연의 행위 이외의 어떤

것이라고 생각하지 않게 될 것이다. 자연의 행위를
두려워한다면 어린아이와 다름없다 (2·12)

 죽음을 그저 자연의 행위로 보고 거기에 '죽음을 연상시키는 것'을 덧붙이지 않으면 그만입니다. 죽음이라는 표상에 판단을 더하지 말고, 올바르게 판단하면 됩니다.
 '자연의 행위를 두려워한다면 어린아이와 다름없다'라는 말은 플라톤의 《파이돈》에 있는 다음 구절을 염두에 두고 있습니다.
 "우리도 우리 안에도 그런 것을 두려워하는 아이가 있다."
 하지만 죽음을 삶의 행위로써 보지 못하고 두려워하는 것은 오히려 어른인지도 모릅니다.

활동, 충동, 판단의 정지는 휴지(休止)이며 말하자면
죽음이지만 악은 아니다. 이제 인생의 여러 단계를
완성해보라. 유년기, 소년기, 청년기, 노년기. 이 변화도
일종의 죽음이다. 하지만 무섭지는 않을 것이다.
이번에는 할아버지 슬하에서 보낸 시절과 어머니 곁에
있던 시절, 나아가서는 아버지 곁에서 보낸 시절을
돌아보라. 많은 소멸, 변화, 정지를 겪은 자신에게
물어라. '무섭지 않잖느냐?' 하고 말이다. 이처럼 너의

모든 생활의 정지, 휴지, 변화도 무서운 것이 아니다
(9·21)

죽음을 경멸하지 말고, 그것도 자연이 원하는 것
가운데 하나라고 생각하고 받아들여라. 젊고, 늙고,
성장하고, 어른다워지며, 이가 나고, 수염이 나고,
머리가 세며, 생식하고, 잉태하고, 분만하는 것, 그 외에
인생의 계절에 따라 나타나는 자연의 행위, 그러한
흐름 가운데 붕괴하는 것(죽음)도 있다 (9·3)

아우렐리우스는 여기서도 죽음을 자연의 행위 가운데 하나로 보고 있습니다. 하지만 늙는 것을 자연의 행위라고 보기도 쉽지는 않습니다. 나이를 먹으면 신체 기능이 저하되고, 그 때문에 병에 걸리는 일도 많아집니다. 얼굴이 수척해지고 건망증이 심해지기도 합니다.

'노화'는 단지 늙음으로의 변화일 뿐이기에 흔히 노화를 쇠퇴라는 부정적인 시선으로 바라보게 됩니다. 죽음에 대해서 아우렐리우스가 한 말을 빌리자면 늙음이 연상시키는 것을 제거하면 그만입니다.

반대로 유년기, 소년기에서 청년기로의 변화를 쇠퇴로 보는

사람은 많지 않을 겁니다. 빨리 어른이 되면 어렸을 때는 못 했던 일을 할 수 있는 데다가, 신체도 그 욕구를 채우기에 적합하게 성장합니다.

신체적인 성장과는 별개로 무슨 일을 하든 책임이 따르게 되기에 스스로 아무런 결정도 내리지 않아도 되고, 책임질 필요가 없었던 어린 시절로 돌아가고 싶다는 사람도 있겠지만, 청년기로의 변화를 부정적으로 보는 사람은 많지 않을 겁니다.

죽음도 삶의 변화일 뿐입니다. 그런데도 부정적인 연상을 하게 되는 것이지요. 나이가 들거나 아프면 많은 활동이 제한되지만, 죽으면 지적인 활동을 포함해 모든 활동이 정지되어 버리기 때문입니다. 하지만 아우렐리우스는 죽음도 자연의 활동이며 변화일 뿐이라고 생각합니다.

유년기, 소년기, 청년기, 노년기라는 변화, 또 사는 장소가 바뀌는 일은 때로 큰 변화를 동반하고, 어린 시절의 나와 나이가 든 후의 나는 외모만 봐도 큰 변화가 있지만, 그렇다고 해서 내가 다른 사람이 되는 것은 아닙니다.

죽음을 노년기 다음의(물론 노년기를 맞이하기 전에 죽을 수도 있지만) 시기로 규정하거나, 죽음을 거처를 바꾸는 것에 비유하면 죽음이라는 신체의 변화 뒤에도 '나(영혼)'는 존속한다는 것이 암

묵적인 전제처럼 보입니다.

'휴지'라는 단어에 주목하는 한 연구자(Farquharson)는 죽음은 겹세로줄(double bar)일지도 모르지만, 음악을 멈추는 것이 아니라 다시 시작하기 위해 그저 휴지하고 있는 거라고 말합니다.

죽음을 소홀히 하지 않는다

그렇다면 죽음에 대한 조잡한, 혹은 성급한 태도나
오만한 태도를 취하지 않고, 자연의 행위의 하나로써
기다리는 것, 또 네 아내의 태내에서 태아가 나오기를
기다리듯이 네 영혼이 그 그릇(육체)에서 탈락하는 때를
맞이하는 것이 사려 깊은 인간에게 적합한 일이다 (9·3)

'영혼이 그 그릇(육체)에서 탈락할 때'라고 하면 부정적인 연상을 하게 되지만, 그저 영혼이 몸에서 떨어져 나가는 것뿐입니다.

'죽음에 대한 조잡한 태도를 취한다'는 것은 죽음에 무관심한 것입니다. 성급한 태도는 가볍게 자살하는 것, 오만한 태도는 자신만은 죽을 리가 없다고 생각하거나 죽음에 대해서 조금도 생각하지 않는 아니, 생각조차 하고 싶어 하지 않는 태도를 말합니다.

　여기서 아우렐리우스는 죽음을 아이가 어머니의 태내에서 태어나는 것에 비유하고 있습니다. 그는 때가 차면 자연스럽게 아이가 태어나는 것처럼 죽음은 육체에서 탈락하는 것이고, 그때를 맞이하는 것이 사려를 갖춘 사람에게 어울린다고 말하고 있지만, 나중에 보듯이 정신 능력의 쇠퇴를 두려워하는 사람의 자살을 인정하고 용납하는 것과 어긋나는 것처럼 생각됩니다. 정신 능력이 쇠약해지기 전에 자살하는 것은 죽음에 대한 조잡한 태도가 아닐까요?

변화를 두려워하는가

아우렐리우스는 변화에 대해 다음과 같이 말합니다.

> 변화를 두려워하는가? 변화 없이 무슨 일이
> 가능하겠는가? 우주의 본성 중에서 변화보다 더
> 바람직하고 더 본래적인 것이 무엇이겠는가?
> 나무(장작)가 변하지 않으면 네가 더운물에 목욕할
> 수 있겠는가? 먹은 것이 변화하지 않으면 영양분을
> 섭취할 수 있겠는가? 그 밖에 유익한 모든 것이 변화

없이 이루어질 수 있겠는가? 네가 변화하는 것 역시
마찬가지다. 우주의 본성에 똑같이 필요한 것임을 너는
깨닫지 못하는가? (7·18)

아우렐리우스는 '변화를 두려워하는가?'라고 자기 자신에게 묻습니다.

앞서 저는 늙음도 죽음도 그저 변화일뿐 거기에 부정적인 의미를 담지 않는다고 썼는데, 아우렐리우스는 변화를 바람직한 것으로 보고 있습니다. '네가 변화하는 것'이란 죽음을 의미합니다.

게다가 '죽음이 자연의 행위 이외의 어떤 것이라고 생각하지 않게 될 것이다'(2·12)라며 앞서 인용한 바와 같이 죽음은 각자에게, 또 각자가 그 일부인 우주의 본성, 전체(우주)에 악이 아니라 이익을 가져다준다고 아우렐리우스는 말합니다.

자연을 이롭게 한다는 말은 부분의 죽음에 의해서 온 우주가 계속 젊어지고 있다는 뜻인데(12·23) 이 말에 대해서 저는 조금 다르게 생각합니다.

모든 것이 변화에 의해 발생한다는 것을 부단히
관찰하고, 만유의 자연은 현재 있는 것을 변화시키고,
비슷한 종류의 새것을 만들어 내는 일을 가장 즐긴다는

생각에 익숙해져라 (4·36)

자연은 변화를 선호한다는 말입니다. 사람이 죽는 것은 개인에게도 변화지만, 만유의 자연도 새롭게 하는 일입니다.

(행위 정지의) 시기와 한계를 결정하는 것은 자연이다 (12·23)

노년이라면 때로 이것을 개인의 자연이 결정할 수도 있지만, 사람이 언제 죽을지는 자연이 정하기 때문에 인간에게는 선택의 여지가 없습니다.

시기라고 번역했지만, 그리스어로 카이로스는 '좋은 기회', '그럴 때'라는 뜻이기도 합니다. 하기야 본인이나 가족의 죽음에 좋은 기회가 있다고는 생각하지 않을 테지만 말입니다.

> 전체에 유익한 것은 모두 언제나 아름답고
> 시의적절하다. 따라서 삶의 종결은 만약 그것이
> 선택의 여지가 없다면 해로운 것이 아니므로 각
> 사람에게 있어서 악이 아니며 전체에 있어서도 악이
> 아니다. 오히려 전체에 있어서 시의적절하고 이익을

가져다주는 것이라면 선이다 (12·23)

아우렐리우스는 전체에 있어서의 선은 각자에게도 선이라고 생각하는데, 여러분은 어떻게 생각하는지 궁금합니다.

나의 의무를 다할 뿐이다

해야 할 일을 할 때 추위에 떨고 있든, 따뜻하든, 반쯤
자고 있든, 충분히 잤든, 남들이 나쁘게 말하든, 좋게
말하든, 죽어가든, 다른 무언가를 하고 있든
전혀 개의치 않아야 한다.
왜냐하면 죽음 또한 우리 삶의 행위 가운데 하나이기
때문이다. 그러므로 죽음이 닥쳤을 때도 눈앞의 일을
올바르게 처리하면 그것으로 충분하다 (6·2)

아우렐리우스는 무슨 일이 있더라도, 설령 죽음에 처하더라도 해야 할 일을 할 때 태도를 바꿔서는 안 된다고 말합니다. '해야 할 일'을 다른 곳에서는 '의무'라고 표현하기도 할 때도 있습니다.

자신이 현재 어떤 상태든 해야 할 일이 있다고 해서 태도를 바꾸지 않기는 어렵다고 생각하는 사람도 있겠지요. 자기 기분을 잘 다루지 못하는 사람이 있습니다. 아침부터 기분이 언짢다는 이유로 화를 내는 상사가 옆에 있으면 정말 괴롭지요. 화를 내지는 않더라도 은근히 언짢은 기색을 내비치는 사람을 보면 주위에서 그 사람을 신경 쓰게 되지요. 상사뿐만이 아닙니다. 기분이 나쁜 건 아닌데 왠지 모르게 피곤해 보이거나 그런 티를 내는 사람도 있습니다. 아들러라면 그런 태도를 취하는 데는 어떤 목적이 있다고 말할 겁니다. 피곤해하는 사람에게는 책임 있는 일을 맡길 수 없으니, 책임을 수반하는 중요한 일을 맡지 않기 위해 피곤한 척하는 걸지도 모릅니다.

> 나는 내 의무를 다한다.
> 다른 일은 내 마음을 돌리지 못한다 (6·22)

여기서 '해야 할 일', '의무'라고 하는 것은 황제의 의무만이 아닐 겁니다. 인간으로서 마땅히 해야 할 것, 또 자연에 따라 바르게 사는 것을 뜻하겠지요.

죽음에 대해서도 마찬가지입니다. 죽음은 무언가 특별한 것이 아니라 다른 것과 마찬가지로 인생의 행위일 뿐이기에 내 상태와는 관계없이 해야 할 일이 있으면 해야 하듯이, 죽음이 임박했든 아니든 내가 할 일을 완수해 나가야만 한다는 뜻입니다.

몸이 불편하거나 고통이 있으면 의무를 다하기가 현실적으로 어렵지만, 죽음이 가깝다고 해서 죽음의 두려움에서 벗어나기 위해 불안해지지 않도록 자신을 잊으려고 하는 태도는 바람직하지 않습니다.

> 영혼이 마침내 소멸하든, 흩어지든, 존속하든,
> 그래야만 할 때 각오가 되어 있는 영혼은 얼마나
> 훌륭한가. 그런데 이 각오는 자기 자신의 판단으로
> 내려져야만 한다 (11·3)

죽음을 앞둔 각오는 죽음이 어떤 것인지와는 상관이 없다는 말입니다. 자신이 죽으면 어떻게 될지는 아무도 알 수 없습니다. 중요한 것은 죽음이 어떤 것이든 설령 무가 된다고 하더라도 살아 있을 때의 태도, 사는 태도가 바뀌는 것은 이상하다는 말이지요.

죽을 수도 있는 큰 병을 앓으면 의욕이 없어지기 마련인지라 실제로는 있을 수 없는 일일지 모르지만, 여생이 얼마 남지 않았다고 해서 좋아하는 음식을 배불리 먹지는 않는다는 뜻입니다.

앞서 아우렐리우스는 죽음을 원소로의 해체로 보고, 영혼의 불사를 확신한 것은 아니라고 썼지만, 적어도 여기에서는 영혼의 사후 존속을 하나의 가능성으로 꼽고 있습니다. 영혼의 불사를 믿었던, 적어도 그 가능성을 전혀 생각하지 않은 건 아닌 것처럼 보이지만 '각오'해야만 한다고 말합니다.

그리고 각오는 자기 자신의 판단으로 이루어져야 합니다. 살아 있는 한 죽음이 어떤 것인지는 알 수 없습니다. 하지만 죽음이 어떤 것이든 그것을 받아들이고, 자신의 의무를 다하며 '그래야만 할 때'는 오로지 내가 판단하고 결정해야 합니다. 다른 사람에게 재촉받거나 열광에 이끌려 기꺼이 죽음을 선택할 것이 아니라 이성적으로 판단해야만 한다는 말입니다.

덤이라고 생각하며 살아간다

너는 이미 죽은 사람처럼, 지금까지의 생을 마감한
사람처럼 앞으로의 인생을 자연에 속해 덤으로 얻은
것처럼 살아야 한다 (7·56)

저는 오십의 나이에 심근경색으로 쓰러졌는데, 다행히 목숨을 건졌습니다. 병원에 입원해 있을 때 밤에 잠이 오지 않아서 수면 유도제를 처방받았는데, 약을 먹으면 금방 잠들 수 있었지만, 문득 약을 먹었다가 다시는 깨어날 수 없을지도 모른다고 생각하고 나서는 그 공포 때문에 수면 유도제를 먹을 수 없게 되더군요. 그래서 약을 침대 옆 테이블에 놓고 먹어야 할지 말아야 할지 오랫동안 생각에 잠기는 일도 종종 있었습니다.

하지만 어느덧 그런 생각을 하지 않아도 될 만큼 순조롭게 회복한 저는, 주간 검사가 없을 때면 침대에서 몸을 일으켜 노트북을 켜고 원고를 쓰며 지냈습니다.

그런 저에게 어느 날 주치의 선생님이 이렇게 말씀하셨습니다.

"책은 쓰세요. 책은 남으니까요."

책은 남지만 나는 남지 않는다는 뜻으로 해석되어서 아찔하지만, 책을 쓸 수 있을 정도까지는 회복시켜 주겠다고 약속하셨기에 퇴원 후에는 어떻게 살까를 상상하게 되었습니다.

실제로 퇴원 후의 예후가 좋아서 비록 밖에서 하는 일은 제한해야 했지만, 집 안에서 책을 쓰는 나날을 보낼 수 있게 되었습니다. 이렇게 퇴원 후의 인생은 저에게 여생이었고, 아우렐리우스의 말을 사용하자면 '덤'으로 얻은 삶이 되었습니다.

그 후 컨디션은 더 좋아졌지만, 아버지가 치매를 앓고 있다는 사실을 알게 되었기에 평일에는 아버지를 돌보는 것에 매진하게 되었습니다. 책을 쓰는 것도 어려워지기는 했는데, 바깥일을 제한한 덕분에 만년의 아버지와 일상을 함께 보낼 수 있었던 것은 감사한 일이었고, 애초에 오래 살아서 아버지를 돌볼 수 있었던 것이기에 이 역시 저에게는 덤으로 얻은 인생입니다.

지금은 내가 할 수 있는 무언가가 있다면 책을 쓰는 일이라고 생각해서 매일 원고를 씁니다. '이미 죽은 사람처럼' 산다는 것은 말로는 거창하게 들리지만, 죽지 않고 사는 것을 원점으로 생각하면 뭐든지 고맙게 생각할 수 있습니다.

몸 상태를 크게 신경 쓰지 않을 수 있을 정도로 건강을 회복하고 나서도, 오늘도 하루를 살았다고 생각하고, 다음 날 아침 눈을 떴을 때 이것은 '덤'이라고 생각하며 매일 새로운 인생을 살 수 있게 되었습니다.

평온한 죽음

죽어갈 때 지금 일어나고 있는 불행한 일 옆에
기꺼이 서 있는 사람보다 행복한 사람은 없다. 그가
훌륭하고 현명한 사람이었다 하더라도 마지막에
혼잣말로 이렇게 중얼거리는 사람이 있을 것이다.
"이 '선생님'에게서 해방되어 한숨 돌리겠구나. 그는
우리 중 누구도 힘들게 하지 않았지만, 나는 그가
말없이 우리를 단죄하고 있음을 느꼈다." 훌륭한
사람의 경우는 이 정도로 그칠 것이다. 그런데 우리의

경우, 얼마나 많은 이유로 여러 사람이 우리에게서 벗어나고자 하겠는가? 그렇다면 죽어갈 때 그 일을 생각하고, 바로 내가 이만큼 열심히 기도하고 배려했던 동료들조차 내가 떠나기를 원하고, 거기서 뭔가 다른 해방감이 생기기를 희망하는 그러한 삶에서 내가 벗어난다고 생각하면 더 수월하게 세상을 떠날 수 있을 것이다. 그렇다면 이 세상에 더 오래 머무르는 데 집착할 이유가 무엇인가? (10·36)

누군가는 '내가 이만큼 열심히 기도하고 배려했던 동료'에게 배신당하는 경험을 한 적이 있었는지도 모릅니다. 자신을 이용하려는 사람, 그뿐 아니라 자신이 죽기를 고대하는 사람이 있을지도 모른다고 생각하면 사는 것이 허무해지고 절망스러운 기분이 들겠지요.

'훌륭한 사람의 경우'라고 썼지만, 그는 자신을 무언으로 단죄하는 사람이 있다는 사실을 알았을 겁니다. 현제라 불리는 황제라도 혹은 그런 황제였기에 뛰어나고 능력 있는 아우렐리우스는 때로 주위 사람들에게 거북함이나 열등감을 안겨주었겠지요.

가르침을 받는 입장에 있는 사람은 아무것도 모르는 게 당연할 수 있습니다. 그런데 잘못을 지적받으면 '이런 것도 못 하느냐'

라고 면전에서는 말하지 않더라도 교사가 자신을 나쁜 학생이라고 단죄하고 있는 것이 아닌가 하는 생각이 들 때가 있습니다. 교사가 기대하는 결과를 내지 못했을 때 특히 그렇게 생각합니다.

교사에게 다가가듯이 철학으로 돌아가지 말라 (5·9)

교사는 거북한 존재입니다. 직장 상사와 부하 직원 사이도 마찬가지지요. 그렇다고 잘못하거나 실패할까 봐 두려워 해야 할 일에 임하지 않으면 곤란합니다. 교사나 상사가 잘못을 지적하는 이유는 부족한 학생이나 부하 직원을 비난하기 위해서가 아니라 그들이 깨달음을 얻기를 바라기 때문입니다.

이 대목을 읽고 저는 플라톤이《향연》에서 알키비아데스를 통해 들려준 말이 떠올랐습니다. 알키비아데스는 아직도 부족한 점이 많은 자신이 아테네의 나랏일에 종사하고 있음을 소크라테스가 어떻게든 인정하게 할 것이 틀림없음을 알고는 두려워했습니다. 그리고 차라리 소크라테스가 이 세상에서 사라진 것을 보게 된다면 얼마나 좋을까 하는 생각까지 했지요. 물론 그게 알키비아데스의 진심은 아니었지만 말입니다. 알키비아데스의 마음은 사실 젊은 플라톤 자신의 마음이었을 겁니다.

죽는 사람 입장에서 생각하면 자기 죽음을 바라는 사람이 있다는 사실을 아는 것은 그리 반가운 일이 아닙니다. 하지만 그렇게 여겨지면서까지 이 세상에 머무는 것에 집착하지 않는다는 건 죽음에 대한 올바른 태도라고는 할 수 없지 않을까요? 이런 생각을 하며 앞서 인용한 부분의 뒷부분을 살펴보니 아우렐리우스는 다음과 같이 말합니다.

> 그러나 그렇다고 그들에게 호의를 덜 보이며 떠날 것이 아니라 네 고유한 심성에 따라 그들에게 친절과 우호적 태도를 보여주고 마음 편하게 떠나라. 편안하게 죽는 사람은 영혼이 육체에서 쉽게 빠져나오듯이 너의 이별도 그래야 한다. 왜냐하면 자연이 너를 그들에게 연결하고 함께하게 했기 때문이다. 하지만 이제 자연이 해방한다. 나는 내 집안사람들에게서 멀어지지만 억지로 강요당해서 그렇게 된 것은 아니다. 왜냐하면 죽음도 자연의 본성을 따르는 것이기 때문이다 (10·36)

자신이 죽기를 바라는 사람이 있다는 사실을 알고, 임종 직전에 마음이 복잡해진다 한들 소용이 없습니다. 아우렐리우스는 그들에 대한 자기 생각을 토로하고, 계속해서 우호적으로 대하겠다고 말합니다.

또, 아우렐리우스는 '자연'이 자신을 좋게 생각하지 않는 사람과 연결해 함께 있게 했다고 생각합니다. 불교에 '원증회고(怨憎會苦, 원망하고 미워하는 사람과 만나야만 하는 괴로움―옮긴이 주)'라는 말이 있는 것처럼 우리 주위에는 나를 지지하고, 좋게 생각해주는 사람만 있는 것은 아닙니다. 그것 또한 자연이 계산한 것이겠지만, 굳이 죽을 때까지 마음을 번잡스럽게 할 필요는 없습니다.

생각해보면 이것은 죽기 전에만 해당하는 것이 아니라 언제든지 가질 수 있는 마음가짐입니다. 아우렐리우스도 앞서 살펴본 것처럼 적도 자신과 같은 부류라고 생각하고 용서해왔지요.

마지막 부분은 자신을 좋게 생각하지 않는 사람을 떠나는 것이 아니라 죽음 그 자체에 관해 쓰고 있습니다. 그리스어로 '영혼'이라는 단어에는 '나비'라는 뜻이 있는데, 아우렐리우스는 강요받지 않고 나비가 번데기에서 빠져나오는 것처럼 영혼 역시 쉽게 이 세계를 떠나는 이미지를 받아들이고 있습니다.

살아 있음에 가치가 있다

지금까지 죽음에 대한 아우렐리우스의 생각을 살펴보았는데, 아우렐리우스는 때때로 제가 받아들이기 어려운 말을 하기도 합니다.

> 하루하루 인생이 소비되고, 남겨진 부분이 적어지고
> 있다는 점만 생각해서는 안 된다. 더 오래 살 수 있다고
> 해도 사물 이해에 신이나 인간을 알기 위한 관조를
> 지금까지와 같이 할 수 있을지 불확실하다는 것도
> 고려하지 않으면 안 된다.

왜냐하면 사람이 늙기 시작해도 호흡하고, 영양을 섭취하고, 상상하는 능력이나 욕구 등에는 변함이 없지만, 자신의 의무를 다하고 세상을 떠날 시간을 정확하게 판가름하는 능력, 요컨대 훈련된 사고가 있어야 하는 일에 관해 숙고하는 능력이 먼저 사라지기 때문입니다.

> 그러니 서두르지 않으면 안 된다. 시시각각 죽음이
> 가까워져 오고 있을 뿐 아니라, 사물을 통찰하고
> 이해하는 능력이 죽음보다 먼저 정지하기 때문이다
> (3·1)

아우렐리우스는 죽음이 가까이 다가오는 것보다 판단 능력이 상실되는 것을 더 두려워하고 있습니다.

앞서 아우렐리우스가 삶과 죽음을 선악무기하게 본다는 사실을 알았는데, 이 생각을 토대로 보면 삶과 죽음은 선이라고도 악이라고도 할 수 없는 게 아닐까요? 저는 아우렐리우스의 생각과는 달리 생은 절대적으로 선이며 가치 있는 것으로 보아야 한다고 생각합니다. 그렇게 생각하지 않으면 사는 것에 가치가 없고, 악인 경우도 존재하게 됩니다. 뭔가 가치 있는 일을 하지 못하면 살 가치가 없다고 생각하는 사람이 많은데, 애초에 무엇을 기준으로 가치가 있다고 말할 수 있는지 또, 누군가가 삶의 가치를 판단해도 되는지 등 생각해야 할 문제가 많습니다.

모두가 행복을 바란다는 사실은 앞에서도 살펴봤습니다. 행복해지기 위해서 성공해야 한다고 생각하는 사람은 '생산성에 가치가 있다' 즉, 무언가를 할 수 있어야 가치가 있다고 생각합니다. 그 때문에 일찍부터 수험공부에 힘씁니다.

문제는 누구나 성공할 수 있는 게 아니라는 데 있습니다. 아무리 공부해도 지망하는 대학이나 회사에 들어가지 못할 수도 있습니다. 뜻대로 되지 않는 일이 더 많을지도 모릅니다.

그렇다고 성공하지 못하면 행복해질 수 없느냐 하면 그렇지 않습니다. 성공했는데 전혀 행복을 느끼지 못하는 사람도 있습니다.

왜 이렇게 되었을까요? 인간의 가치를 생산성에서 찾기 때문입니다. 왜 살아 있는 것만으로 가치가 있다고 생각하면 안 되는 것일까요? 갓 태어난 아이는 스스로는 아무것도 할 수 없지만, 그 아이의 부모는 아이가 살아 있는 것만으로도 감사하다고 생각하겠지요. 그것은 아이라서 그런 것이고, 어른이 되면 살아 있는 것만으로는 가치가 없어지는 걸까요?

저는 누구나 살아 있는 것만으로도 가치가 있다고 생각합니다. 어린아이가 살아 있는 것만으로도 가치가 있다면 어른도 마찬가지라고 생각하지 못할 이유가 없습니다.

가족 중 누군가가 병에 걸렸을 때 특히 이런 생각을 하게 됩니다. 가족 중 한 사람이 갑자기 병이나 사고로 입원했다는 소식을 들으면 만사 제쳐놓고 병원으로 달려가겠지요. 그러면서 상태가 위독하더라도 살아만 있게 해달라고 빌 겁니다.

제가 심근경색으로 입원했을 때, 병 때문에 일을 못 하게 되자 처음에는 제 존재 가치가 없어진 것 같다는 생각이 들었습니다. 하지만 가족이나 친구가 입원했을 때, 살아 있음에 감사하는 것처럼 저 자신 역시 살아 있음에 감사해야 한다고 생각하게 되었습니다.

부모님을 간병할 때도 어쨌든 숨을 쉬고 계신다는 것, 살아 계신다는 것이 감사했지요. 살아 있다는 것을 원점으로 생각하면 어떤 일이든 감사하게 생각됩니다.

병이나 노환으로 아무것도 할 수 없게 된 사람은 살 가치가 없느냐 하면 그렇지 않습니다. 스스로 아무것도 할 수 없게 되었을 때, 가족에게 폐를 끼치고 싶지 않다는 생각에 연명 치료를 받지 않겠다고 하는 사람이 있습니다.

저는 아우렐리우스가 판단 능력이 떨어질 것을 두려워해, 아무것도 판단할 수 없게 되기 전에 목숨을 끊는 것을 허용하는 것처럼 보이는 것은 문제라고 생각합니다.

도움받기를 부끄러워하지 말라 (7·7)

이는 앞에서도 인용했지요. 아우렐리우스는 전장에서의 임무 수행을 위해 다른 사람에게 도움받는 것을 부끄러워하지 말라고 말하는데, 산다는 일을 수행하기 위해서도 다른 사람에게 도움을 받아야 하고, 이를 민폐라고 생각할 필요는 없습니다.

자신이 아닌 다른 사람에 대해서 연명 치료를 받으면서까지 살 가치가 없다고 판단하는 것은 더 큰 문제입니다. 면전에 대고 그런 말을 하는 사람은 없다 하더라도 많은 사람이 누워서 꼼짝도 못 하는 채로 가족에게 폐를 끼치면서까지 사는 것은 좋지 않다고 생각한다면, 이 세상의 상식에 항거하기 어려워집니다.

자신의 가치는 무엇인가를 할 수 있는 데 있는 것이 아니라 살아 있는 데 있다고 생각하는 사람이라면 나이가 들거나 병에 걸려 점차, 혹은 갑자기 어떤 일을 할 수 없게 되었을 때도 자신에게 가치가 없어졌다고 생각하지는 않을 겁니다. 뭔가를 할 수 있어야 가치가 있다는 생각이 요즘 시대의 주류를 이루는 가치관이라 할지라도 정말로 그런지 의심해볼 필요는 있습니다.

남에게 피해를 준다고 자살을 부정하는 사람이 있는가 하면, 남에게 폐를 끼치고 싶지 않다고 안락사나 존엄사를 선택하는 사람이 있다는 사실이 참으로 안타깝습니다.

필요할 때는 다른 사람에게 도움을 구해야 합니다. 아우렐리우스가 말하는 것처럼 도움받기를 부끄러워할 필요는 없습니다.

'언젠가 내가 다른 사람의 도움이 필요한 날이 올 테니, 지금은 내가 도움을 주자'라고 생각해도 되지만, 간병을 꼭 그렇게 주고받기로 생각하지 않아도 되지 않을까요? 단지 병간호가 필요한 사람에게 할 수 있는 사람이 가능한 범위에서 도움을 주는 것뿐입니다. 간병을 할 수 없다고 해서 도움을 받으면 안 되는 것은 아니지요.

더 이상 살 가치가 없다고 생각해 목숨을 끊는 사람이 있는데, 그건 그 사람의 선택이기에 무조건 비판할 수는 없지만 저는 이런 생각이 일반적인 생각이 될까 봐 항상 염려스럽습니다.

아우렐리우스는 자연을 따라 사는 것이 인간의 의무라고 생각합니다. 그러기 위해서는 올바르게 이성을 발휘해야 하는데, 인간의 의무에는 다른 사람과 적절한 관계를 구축하는 것도 포함되어 있습니다.

또, 아우렐리우스는 '인간은 협력하기 위해 태어났다'라고도 말합니다. 다른 사람과의 관계 속에서 살고, 다른 사람과 협력함으로써 공헌하는 일은 갓 태어난 아이도, 병자도, 노인도 할 수 있습니다. 그렇다면 지적 능력이 떨어진다고 해서 자연스러운 죽음을 기다리지 않고 스스로 목숨을 끊을 필요는 없습니다. 저는 그렇게 하는 것이 다른 사람과 적절한 관계를 구축할 의무를 포기하는 행동이 아닐까 싶습니다.

# 12장

지금 여기를 살아간다

지금까지 인생의 끝자락에 기다리고 있는, 혹은 죽음을 의식하고 있는 사람이라면 항상 존재한다고 해도 무방할 죽음에 관해 생각해 봤습니다. 이 장에서는 뭘 하든 결국은 죽게 되는 인생을 살면서, 허무함을 느끼지 않으려면 어떻게 해야 할지 생각해봅시다.

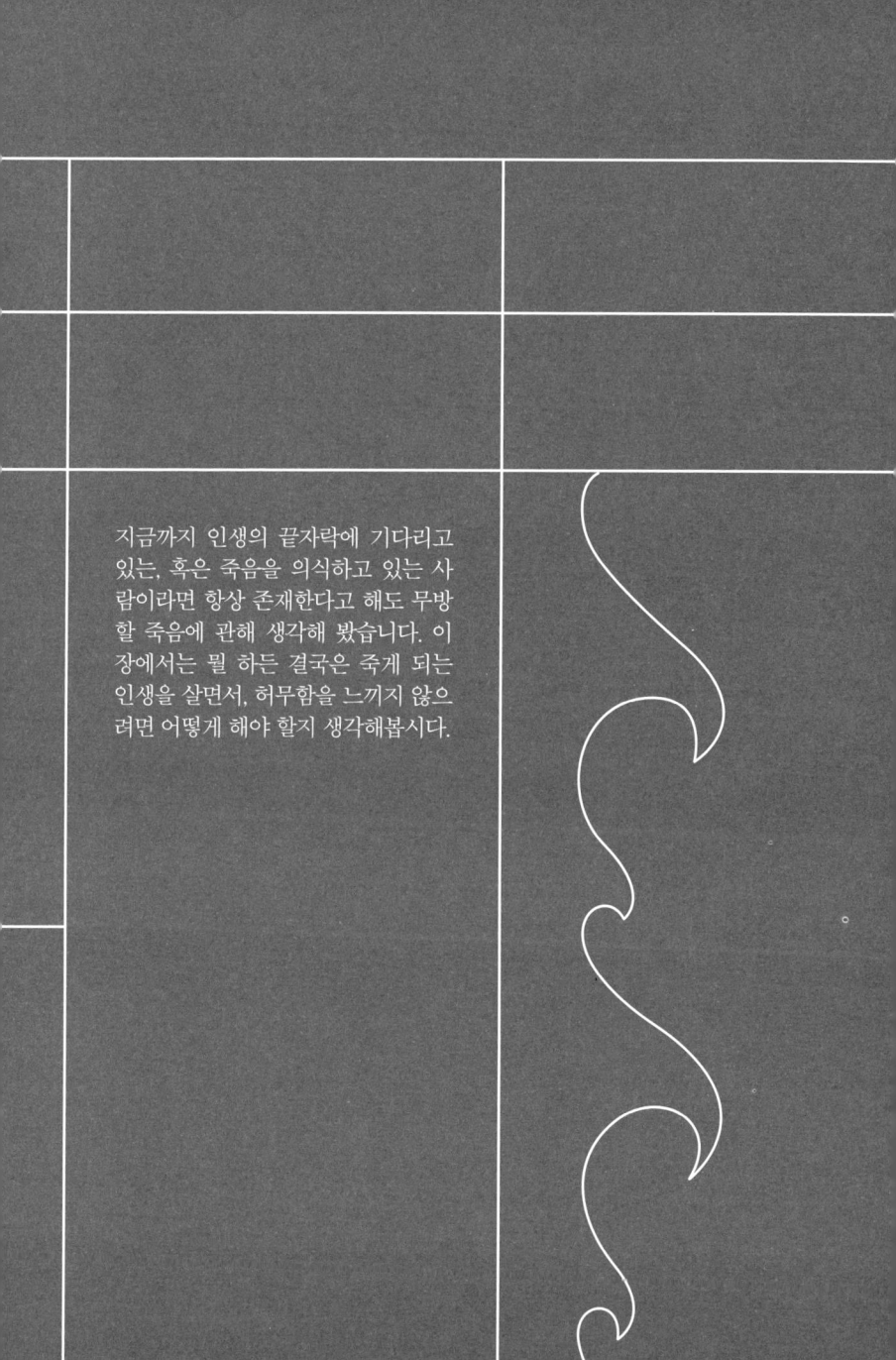

모든 것은 덧없다

> 흐름과 변화는 우주를 끊임없이 새롭게 한다. 끊이지
> 않는 시간의 진행이 무한한 영원을 항상 갱신하는
> 것처럼 (6·15)

우주와 그 안에 사는 인간은 계속해서 변화합니다. 생명과 관계된 병을 선고받거나 자연재해를 만나면, 내일이라는 날이 올 것이 자명하다고 생각하던 어제까지의 일상이 갑자기 사라집니다.

앞에서 자신의 두 아들에게 인간으로서 얻을 수 있는 최선의

것을 내려달라고 신께 기도했던 어머니 이야기를 했습니다. 그들은 신전 안에서 두 번 다시 눈을 뜨지 않았지요.

이 어머니가 아들들의 죽음을 신의 은혜로 여겼는지는 모르겠습니다. 하지만 효자들에게 신이 내린 '인간으로서 얻을 수 있는 최선의 것'이 죽음이었다는 것의 의미가 무엇이었는지는 어렴풋이나마 알 것 같습니다.

우리는 행복을 손에 넣어도 언젠가 그것을 잃을까 봐 두려워합니다. 잃을 것이 두렵다면 언제까지고 안심할 수 없습니다. 그렇다면 행복을 동경하고, 영구 보전하면 되겠지요. 이런 맥락에서 요절은 신의 은총이라고 생각할 수 있습니다.

행복한 상태로 죽으면 행복이 그 후에 경험할지도 모르는 불행에 의해 사라지지 않습니다. 죽는 일 자체는 무섭겠지만, 앞으로 어떤 일이 일어날지 모르는 것보다는 행복의 절정인 지금 죽는 게 낫다고 생각하는 사람이 있어도 이상하지 않겠지요.

이 모자처럼 특별한 예가 아니더라도 지금의 행복이 영원히 이어지면 좋겠다고 생각해본 사람은 많을 겁니다. 하지만 내일이라는 날이 어떤 날이 될지는 아무도 모릅니다. 오늘 사이좋던 두 사람이 내일 크게 싸우고 헤어질지도 모르지요.

요절을 신의 은총으로 여기는 사람은 요컨대 행복을 동결하고 영구 보존하려는 것입니다. 행복 가운데 있는 사람은 죽으면 그 후에 경험할지도 모르는 고통을 당하지 않고, 행복한 채로 죽을 수 있습니다. 그런 의미에서는 죽음이 행복의 완성처럼 보이기도 합니다.

하지만 신의 지휘로 죽음이 좋은 타이밍에 찾아온다는 보장은 없습니다. 그리스 비극에서는 스토리가 막히면 작가가 '기계장치의 신(데우스 엑스 마키나)'을 개입시켜 주인공을 죽게 하는 등 문제를 해결해버리는 경우가 있지만, 현실은 그렇지 않습니다. 인생의 막다른 골목에 몰렸다 하더라도 계속해서 살아가지 않으면 안 됩니다.

물론 마냥 손을 놓고 있을 수는 없겠지요. 앞에서도 보았듯이 나의 권한 내에 있는 것과 없는 것, 즉 내 힘이 미치는 것과 미치지 못하는 것이 있습니다. 모든 것에 인간의 힘이 못 미치는 것은 아닙니다. 오히려 내 힘으로 바꿀 수 있는 것조차 바꿀 수 없다고 생각하는 것이 더 큰 문제라고 할 수 있겠지요.

인간관계나 자연재해처럼 외부에서 일어나는 일뿐만 아니라 늙거나 병에 걸리는 것도 변화입니다. 의학이 진보한 덕분에 과거에는 치료 불가능했던 병 가운데 이제 치료 가능해진 것도 있지만, 노화는 여전히 누구도 피할 수 없는 불가역적인 변화입니다.

하지만 늙음을 단순한 변화로 보는 사람보다는 쇠퇴로 보는 사람이 훨씬 많은 것 같습니다. 변화는 변화일 뿐입니다. 거기에 판단을 더하지 않으면 변화를 받아들일 수 있습니다. 아우렐리우스는 앞에서 보았듯 늙음을 단순한 변화로 보지 못하였지요.

잊혀진다는 것

모든 것이 부질없다. 기억하는 것도 기억되는 것도
(4·35)

모든 것은 변화하고 그 안에 있는 모든 것은 잊힙니다. 아우렐리우스는 《명상록》이 요즘 시대에도 읽힐 줄은 생각지도 못했을 겁니다.

죽은 뒤의 명성에 집착하는 사람은 그를 기억하는

> 사람이나 그 자신이나 빨리 죽을 거라고는 생각도 하지
> 않을 것이다 (4·19)

아우렐리우스는 빛바래지 않는 명성을 믿지 않았고, 죽은 뒤에 명성을 남기고자 하지 않았을 겁니다.

> 그렇게 칭찬받은 얼마나 많은 사람이 이제는 망각에
> 맡겨지고 말았는가. 또한 그들을 찬미한 얼마나 많은
> 사람이 이 세상을 떠나버렸는가 (7·6)

> 곧 너의 모든 것을 잊을 것이다. 그리고 곧 너의 모든
> 것도 잊힐 것이다 (7·21)

죽음이 어떤 것인지는 아무도 모르지만, 살아 있는 지금의 우리가 아는 것은 나에게 다른 사람의 죽음은 부재라는 사실입니다. 즉, 살아 있기만 하면 아무리 멀리 떨어진 곳에 있어도 만나지 못하라는 법이 없지만, 죽으면 무슨 수를 써도 더 이상 만날 수가 없습니다. 이것이 타자의 죽음입니다. 자기 죽음이 어떤 것인지는 죽어봐야 알겠지만, 타자의 죽음은 부재이고, 죽음이 어떤 것이든 간에 그것은 이별임이 분명합니다.

자신이 살아 있었다는 사실을 더 이상 아무도 기억 못 하게 될까 봐 불안해하는 사람이 많습니다. 내가 이 세상에서 사라져도 세상은 아무 일도 없었던 것처럼 굴러가겠지요. 그렇게 생각하면 죽음이 정말 무섭게 다가옵니다.

나오키상 수상 작가인 시게마쓰 기요시(重松清)의 소설에 암으로 죽은 아내의 이야기가 있습니다(〈그날 뒤에〉). 그녀는 자신이 죽으면 남편에게 전해달라며 간호사에게 편지 한 통을 맡겼습니다. 아내가 죽은 후에 남편은 편지를 전해 받았는데 거기에는 이렇게 적혀 있었습니다.

'잊어도 돼.'

저는 이 이야기를 떠올릴 때, 앞서간 아내 입장에서 잊어도 좋다고 말하려면 상당한 각오가 필요했을 거라 생각했습니다.

잊어도 된다고 해도 죽은 사람을 언제까지고 잊지 못하는 사람이 있겠지요. 특히 어린 자식을 잃은 부모의 슬픔은 깊어서 쉽게 치유되지 않습니다.

잊으려고 애쓰지 않아도, 언젠가 죽은 사람을 떠올리지 않게 되는 경우는 있습니다. 하지만 앞에서도 썼듯이 죽은 사람은 그저 이 세상에서 사라지는 것이 아닙니다. 언제까지고 내 안에서 계속 살아갑니다. 그 사실을 자각하면 언젠가 상실감에서 일어나는 슬픔은 기쁨으로 변해갈 수 있겠지요.

우리가 살 수 있는 것은 지금뿐

설령 네가 3천 년, 아니 3만 년을 살면서 얻는다 하더라도 기억해둬라. 누구도 지금 사는 삶 외에 다른 삶을 살지 않을 것이며, 지금 잃는 삶 외에 다른 삶을 사는 것이 아니라는 사실을. 그러므로 가장 긴 생과 가장 짧은 생은 서로 다를 바가 없다. 지금은 모든 사람이 평등하고, 따라서 잃는 것도 평등하다. 그러므로 잃는 것은 순간의 일임이 분명하다. 과거와 미래를 잃을 수는 없기 때문이다. 갖고 있지 않은 것을

어떻게 그에게서 빼앗을 수 있겠는가 (2·14)

요절한 사람을 생각하면 뜻을 이루지 못하고 쓰러졌다거나 더 오래 살기를 바랐을 테니 억울할 거라고 생각하게 마련이지만, 아우렐리우스는 아무리 오래 살더라도 지금 사는 삶 외의 것을 잃는 것이 아니고, 지금은 모든 사람에게 평등하다고 말합니다.

시간은 점의 모임일 뿐 길이가 없습니다. 앞에서 인용한 말을 다시 한번 가져오겠습니다.

인간의 생의 시간은 점에 불과하다 (2·17)

물론 일상의 언어로는 '긴 시간'이라고 말하지만, 시간에는 길이가 없기에 사실 인생에 대해서도 길게 살았다거나 젊은 나이에 세상을 떠나 더 오래 살 수 있었다는 식으로 말할 수는 없습니다.

때로 우리는 죽은 사람의 나이를 세고는 합니다. 만약 그 사람이 살아 있었다면 지금은 몇 살이라는 식으로 말이지요. 산 사람에게는 긴 시간처럼 생각되지만, 죽은 사람은 더 이상 시간 속에 없습니다.

영어로는 'She has been dead for ten years'라는 식으로 표현하겠지요. 직역하면 '그녀는 10년째 죽어 있다'라는 뜻인데, 죽은 사람은 무의 시간 속에 있기 때문에 그 사람이 죽은 지 오랜 시간이 지난 것 같아도 죽은 사람에게는 한순간입니다.

저는 관상동맥 우회 수술을 받은 적이 있습니다. 수술은 상당히 오랫동안 이어졌고, 당연히 전신 마취를 하고 진행되었습니다. 심장을 멈추고 인공심폐장치에 연결하는 대수술이었는데, 수술하는 사이의 일을 전혀 기억하지 못합니다. 그렇다기보다는 수술하는 동안은 시간이 전혀 존재하지 않았던 것이지요. 마취에서 깰 때까지 저는 무의 시간 속에 있었던 것입니다. 자고 있을 때는 신체 일부가 깨어 있기 때문에 오래 자고 있다는 감각이 있지만, 전신 마취 중에는 시간이 전혀 존재하지 않고, 마치 툭 하고 장막이 내려진 것 같았습니다.

아우렐리우스는 산 사람 역시 이와 같다고 생각합니다.

> 각자는 지금만을 살고, 또한 그것만을 잃는다 (12·26)

> 다음 것도 기억하라. 각자는 잠깐의 지극히 짧은
> 순간만을 살고 있다. 그 외의 시간은 이미 지나갔거나
> 불확실하게 남아 있을 뿐이다 (3·10)

과거는 '이미 살아버려서' 이제 어디에도 없습니다. 미래는 누구도 어떻게 될지 모른다는 의미에서 '불확실한 것'입니다. 내일 무슨 일이 일어날지 상상해봤자 그대로 되는 일은 절대 없습니다. 사람은 '순간의 지금'을 살 수밖에 없지요.

> 뒤에 있는 영원의 심연을 보라. 그리고 앞에 있는 또 하나의 무한을 보라. 이 무한 안에서는 태어난 지 사흘 된 아기와 삼대에 걸쳐 산 노인이 무슨 차이가 있겠는가? (4·50)

뒤는 과거, 앞은 미래를 말합니다. 삼대에 걸쳐 살았던 노인이란 호메로스의 《일리아스》에 등장하는 트로이 전쟁의 그리스 쪽 용장 네스토를 말합니다. 과거에도 있고 미래에도 있는 것은 심연일 뿐이며, 갓 태어난 아이도 노인도 살 수 있는 것은 '지금'뿐이기에 얼마나 오래 살았느냐는 문제가 되지 않습니다. 무한을 생각하면 백 년뿐인 세월은 얼마 되지 않겠지요.

찰나의 인생이지만

앞쪽에서 인용한 아우렐리우스의 말을 다시 한번 인용하겠습니다.

> 인간의 생의 시간은 점에 불과하고, 그 실체는 항구적
> 흐름이고, 감각은 혼탁(混濁)하며, 육체는 쉽게 썩고,
> 영혼은 소용돌이이며, 운명은 저울질할 수 없고,
> 명성은 불확실하다. 요컨대 육체와 관련된 모든 것은
> 흐르는 강물이고, 영혼에 속하는 모든 것은 꿈이고,
> 망상이다. 인생은 투쟁이며 나그네가 잠시 머물러 가는

것이다. 후세의 평판은 망각에 지나지 않는다(2·17)

만물은 유전하고, 무슨 일이 일어날지 가늠하기 어려운 삶일지라도 인생에서 경험하는 일은 눈을 감고만 있으면 어느새 끝나는 것이 아닙니다. 모든 것이 잊힌다고 하더라도 인생은 싸움이라는 아우렐리우스의 말처럼, 우리 삶은 쉽게 지나가지 않고, 안정적인 것이 아니며 때때로 괴롭기도 합니다.

금세 떠나 버리는 인생을 '마치 꿈같다'라고 말하는 사람이 있습니다. 철학자 모리 아리마사(森有正)는 《바빌론 강가에서(バビロンの流れのほとりにて)》라는 소설에서 '어느 칠십이 넘은 노인'이 진지하게 한 말을 다음과 같이 인용했습니다.

"70년! 꿈처럼 지나간답니다. 남은 건 젊었을 때의 그리운 회상뿐이지요. 청춘은 짧다고들 하지만, 짧다뿐입니까? 순식간에 지나가버립디다."

모리 아리마사는 '이 노인의 말은 실감에서 나온다고 생각한다'라고 말하는데, 분명 그렇게 느끼는 사람도 있을 겁니다. 소설가인 후쿠나가 다케히코(福永武彦)는 《꿈처럼(夢のように)》에서 '마치 꿈같다'는 표현에 대해 다음과 같이 말합니다.

"마치 꿈같다는 표현은 아마도 흘러가는 시간의 빠름을 나타내기 위해, 인류와 오래전부터 함께 해왔을지도 모른다."

후쿠나가 다케히코는 이 인생의 꿈은 '불탄 시간의 재'에 불과하다고 말합니다.

"그 재는 시시각각 차가워지고 점차 형체를 잃고 잊혀, 결국 바람에 날리는 대로 흩어지고 나중에는 아무것도 남지 않게 된다."《꿈처럼》

그래서 후쿠나가는 '마치 꿈같다'라는 표현은 인생의 덧없음을 보여준다고 말하며, 오다 노부나가가 오케하자마 전투를 앞두고 무사에 관한 노래를 부르며 춤을 추던 코와카마이로 일본 전통 공연 작품 가운데 하나인 '아쓰모리'를 인용합니다.

"인간 50년, 하늘 아래를 헤매면 몽환과 같아지니"

'인간'은 '인간 세상'이라는 의미입니다. 인간 세상의 50년은 천계에서의 시간 흐름에 비하면 몽환과 같다는 말입니다.

"인생이 하나의 꿈이라는 것을 진정으로 깨닫기만 한다면, 노부나가가 아니더라도 그 인간에게는 무엇 하나 두려워할 게 없을 것이다."《꿈처럼》

> 너는 지금까지 얼마나 많은 변화를 만나왔는가. 그것을 끊임없이 생각하라. 우주는 변화이고, 인생은 추측이다
> (4·3)

아우렐리우스도 끊임없이 변화하는 세계 속에 있기에 자신이 고뇌를 만들어 내고 있음을 알고 무슨 일이 생기더라도 '마치 꿈만 같다'라고 자신을 타이르는 것처럼 보입니다.

오늘을 마지막 날처럼 산다

모든 행위를 생의 마지막 행위처럼 행하라 (2·5)

다른 곳에서 아우렐리우스는 좀 더 구체적으로 '지금 이 세상을 떠날 수 있는 사람처럼 어떤 일이든 행하고, 말하고, 생각하도록 하라'(2·11)라고 말했습니다.

나이를 먹으면 벚꽃을 보는 것도 올해가 마지막일지도 모른다는 생각이 머리를 스칠 때가 있습니다.《명상록》에서 인생의 무상함을 느끼지 않을 수 없지만, 아우렐리우스가 말하는 '지금 이 세상을 떠날 수 있는 사람처럼' 산다는 것의 주안점은 지금 할 수 있는 일에 최선을 다하는 데 있습니다. 남은 시간이 얼마 되지 않아서 언제 손님으로서의 '일시적인 체류' 기간이 끝날지 모르기 때문에 앞에서도 인용했지만,

> 나는 내 의무를 다한다. 다른 일은 내 마음을 돌리지 못한다 (6·22)

라고 말하는 것입니다.

> 네가 그런 고통을 당하는 건 당연하다. 너는 오늘보다는 내일 선한 자가 되기를 바라기 때문이다 (8·22)

아우렐리우스는 '이런 꼴'이 무엇인지 쓰지 않았지만 선해지려면 오늘 선해지려 하는 수밖에 없습니다.

오늘 내가 한 일이 누군가에게 상처를 주고, 그 때문에 내 평판이 떨어지는 일이 있더라도 내일 회복하면 된다고 생각해 오늘은 아무것도 하지 않을 때가 있습니다. 내일 개선하려 해도 내일이 오지 않을지도 모릅니다. 내일이 오더라도 어떤 사정 때문에 관계

를 개선할 기회를 잃게 될지도 모릅니다.

이런저런 이유로 해야 할 일을 미루는 일이 있나요? 저는 있습니다. '내일 할 수 있는 일이면 내일 하고, 오늘 꼭 해야 하는 일만 오늘 한다'는 것도 나름의 방법이겠지만, 내일이 확실하게 온다는 보장이 없다는 게 문제입니다.

적어도 내일로 이어가기 위해 오늘 할 수 있는 일을 하는 것은 가능합니다. '숙제해야 하는데, 리포트를 써야 하는데' 하면서도 시작하지 못할 때가 있지요. 저는 끊임없이 원고를 써야 하는데 마감이 되어도 좀처럼 시작 못할 때가 있습니다. 아무것도 쓰지 않아도, 뭘 쓸지는 생각하고 있기 때문에 엄밀하게 말하면 아무것도 하지 않은 것은 아니지만 말입니다. 초조하거나 짜증이 난다면 스스로 정한 날까지는 일절 손대지 않는 것도 방법이겠지만, 조금이라도 써놓으면 다음 날로 이어 나갈 수 있습니다. 다음 날이 되면 또 조금 써보면 됩니다. 이걸 반복하면 어느새 원고를 많이 썼다는 사실을 깨닫게 될 겁니다.

사는 것도 마찬가지여서 오늘 할 수 있는 일에 곧바로 착수하면 내일이 어떻게 될지는 모르지만, 인생은 분명 달라집니다. 어쨌든 내일이라는 날이 오는 것을 당연하게 여기지 말아야 합니다.

작가 야스오카 쇼타로(安岡章太郎)가 심근경색으로 고생한 적이 있다는 사실을 알고 나서, 야스오카의 작품을 차례차례 읽은 적이 있습니다. 그는 전쟁 중 육군에 징집되어 만주로 보내졌지만 흉부 질환으로 송환되었습니다. 전후에는 결핵성 척추염에 걸렸습니다.

야스오카는 요양 중에 잠자리에 누워 머리맡에 원고지를 놓고 글을 쓰기 시작했습니다. 글을 쓰는 동안에는 육체의 고통을 잊을 수 있었습니다. 처음에는 하루에 두세 줄밖에 쓸 수 없었지만, 그래도 매일 쓰다 보니 어느새 원고를 꽤 많이 썼다는 사실을 알게 되었지요.

'그래, 난 이걸 쓰기 위해 살고 있어.'《죽음과의 대면(死との対面)》

야스오카는 원고지에 자신이 짜낸 말을 쓰고, 그걸 모자이크처럼 짜 맞추면서 쌓아갔다고 말합니다.

인생의 원고도 이런 식으로 어느새 쌓이는 것이겠지요. 고통과 죽음의 두려움에서 벗어나기 위해 아무 생각 없이 그때그때를 지나치겠다는 것이 아니라, 어려운 상황 속에 있더라도 아우렐리우스의 말을 이용하자면 '의무'를 다하는 것이 지금을 사는 것이고, 지금만 좋으면 된다는 찰나주의로 사는 것이 좋다는 말은 하지 않습니다.

인격의 완전이란 하루하루를 마지막 날처럼 보내고,

거칠어지지 않고, 무기력해지지도 않으며, 위선을
보이지 않는 것이다 (7·69)

나는 할 만큼 했다며 자포자기하거나, 뭘 해도 바뀌지 않는다며 무기력에 빠질 것이 아니라, 내일 어떻게 될지 몰라도 오늘 할 수 있는 일을 하는 수밖에 없습니다.

오늘이 마지막이라고 생각하며 자신을 좋게 꾸며 보이려고 하는 것도 잘못된 생각입니다. 과거에 관상동맥 우회 수술을 받았을 때, 집도의에게 '웃지 않아도 된다. 무서운 게 당연하잖은가?'라는 말을 들은 적이 있습니다. 그 말을 듣고 수술을 앞두고 있으면서도 마음을 평정하게 다스리며 다른 사람들에게 저를 괜찮은 사람처럼 보이려 하고 있었다는 사실을 깨달았습니다. 의사가 수술 성공을 확신하더라도, 어떤 결과가 나올지는 사실 아무도 모릅니다. 그런 상황에서 잘 보이려 하는 것은 의미가 없습니다.

그때그때 자신이 느끼는 것에 솔직해져도 된다는 생각이 들어서 의사 선생님께 '솔직히 무섭다'라고 고백하고 나니 비로소 긴장이 풀리더군요.

지금, 시작하다

지금을 본 사람은 영원의 때에서 생겨났고, 무한히
존재할 모든 것을 보게 된 것이다. 모든 것은 같은
부류이고 같은 형태이기 때문이다 (6·37)

영원의 때에서 생긴 것은 '과거', 무한히 존재할 것이라고 불리는 것은 '미래'입니다. 아우렐리우스는 '지금'을 보면 과거도 미래도 모두 본 것이라고 말합니다.

왜냐하면 '모든 것은 같은 부류이고 같은 모양'이기 때문입니다. 스토아 철학에서는 모든 것이 정해져 있고 같은 일이 반복된다고 생각합니다.

이런 생각은 저로서는 이해하기 어렵지만, 사람은 같은 실수를 여러 번 반복한다는 의미라면 이해할 수 있을 것 같습니다.

야마모토 유조(山本有三)의 《파도(波)》라는 소설이 있습니다. 등장인물 가운데 한 사람이 뒤에서 점점 밀려오다가 부서지는 파도를 앞에 두고 다음과 같은 말을 합니다.

"부모가 지겨울 만큼 힘들었으니 우리 아이들은 더 이상 이런 일을 겪지 않기를 바란다 해도, 아이들은 부모가 평생 겪은 일을 경멸하며 밀려오는 파도처럼 과거와 거의 변하는 일 없이 똑같은 실수를 반복하고 만다."

"인간이 태어난 지 벌써 몇 만 년, 몇 십만 년이 지났는지 모르지만, 이 방면만큼은 조금도 나아지지 않은 것 같아요. 자연의 발걸음이 느긋하다고는 하지만, 너무 느긋한 것 아닌가요? 저처럼 생각하는 게 성급한 걸까요?"《파도》

부모는 평생에 걸쳐 경험했을 뿐, 거기서 무언가를 배운 것은 아닙니다. 자신이 젊었을 때 했던 것과 같은 실수를 아이들이 하는 것을 보고 답답하게 생각해도, 자기 역시 경험을 통해 아무것도 배우지 못했기에 아이들에게 조언할 수 없지요.

이 사람과 함께라면 분명 잘될 거라고 생각하지만, 또 똑같은 실수를 해서 이별을 맞는 사람이 있습니다. 똑같은 행동을 반복하는 것은 상대방의 문제가 아닙니다. 상대가 누구든 사람을 바꿔가면 같은 짓을 반복하면 같은 결과가 나올 수밖에 없습니다. 그걸 안다면 지금까지와 다른 행동을 하면 되지만, 다르게 행동하기를 두려워하는 사람은 결과를 예상할 수 있어도 대응을 바꾸려 하지 않습니다. 상대방이 떠나면 또 똑같았다고 안심하는 것입니다.

반대로 한 번에 모든 걸 보는 사람이 있습니다. 그래서 모든 걸 깨닫습니다. 경험을 아무리 거듭해도 배우지 못하는 사람은 아무것도 못 배우지만, 단 한 번의 경험으로도 배울 수 있는 사람이 있습니다. 사실은 배울 수 없는 게 아니라 배우고 싶지 않은 걸지도 모릅니다. 같은 일을 하면 같은 일이 일어나는 것은 알고 있는데, 같은 일이 일어나고 나서야 '역시나' 하는 것입니다.

과거나 미래를 살 수는 없습니다. 그런데도 사람은 지난 과거를 생각하고 후회하고, 미래를 생각하며 불안해하지요.

육아와 부모 간병은 후회의 집대성이라고 해도 좋을 정도입니다. 지금까지 아무리 관계가 안 좋았더라도, 관계 맺는 방법을 몰라서 그랬던 것뿐입니다. 지금부터 관계를 좋게 만들 노력을 하면 됩니다.

불안한 미래를 생각한다고 해서 미래가 바뀐다면 불안해져도 좋겠지만, 불안해한들 아무것도 바뀌지 않는다면 미래를 불안하게 생각하지 않으면 됩니다. 사람은 자기 스스로 어쩔 수 없는 일, 자기 권한 내에 없는 일을 어떻게든 해결해보려 하지만 결코 과거로 돌아갈 수는 없습니다. 미래도 아직 오지 않았기 때문에 지금 시점에서는 어떻게 할 수가 없습니다. 따라서 과거를 생각하고 후회하는 것도, 미래를 생각하고 불안해하는 것도 모두 부질없는 것이지요.

> 미래의 일로 근심하지 말라 (7·8)
>
> 네가 얻기를 소망하는 모든 것은, 네가 너를 거부하지 않으면 이미 손에 넣은 것이나 다름없다. 과거를 개념치 않고, 미래를 섭리에 맡기며 그저 현재만을 경건과 정의로 가꾸어 나간다면 말이다. '경건'이란 주어진 것(운명)에 만족하는 것인데 자연이 네 몫을 네게, 또 너를 네 몫에 정해놓았기 때문이다. '정의'란 자유롭게 돌아다니지 않고 진실을 말하며, 법에 걸맞은 행동을 하는 것이다 (12·1)

'네가 얻기를 소망하는 모든 것은, 네가 너를 거부하지 않으면 이미 손에 넣은 것이나 다름없다'라는 말이 무슨 뜻인지 이해하기 어려울지도 모릅니다.

지금까지도 봐왔듯이 누구나 행복을 바랍니다. 하지만 과거에 힘든 경험 때문에 지금 행복하지 않다고 말하는 사람이 있습니다. 또, 행복해지기 위해서는 무언가―예를 들어 성공―를 달성해야 한다고 생각하는 사람도 있습니다. 그런 사람은 지금은 아직 이것저것 달성하지 못했기에 행복하지 않다고 생각하는 데다가 달성할 수 있을지 없을지 모르기 때문에 불안하다고 말합니다.

하지만 과거에 무슨 일이 있었고, 앞으로 어떻게 될지 모르더라도, 설령 아무것도 달성하지 못하더라도 '과거를 괘념치 않고, 미래를 섭리에 맡기며', 지금 행복하기를 '거부하지 않으면' 후회하거나 불안해하지 않아도 행복을 손에 넣을 수 있습니다.

앞의 예가 아니더라도 '이렇게 하고 싶다'라거나 '이런 모습이 되고 싶다'고 생각하면서 어떤 이유를 들어서 좀처럼 시작하려 하지 않는 사람이 있습니다. 그런 경우는 '자기 자신을 거부하지 않는 것'을 처음부터 무리라고 생각하지 말아야 합니다. 다른 사람은 할 수 있다고 말하는데 '나는 못 한다'라고 말해서는 안 됩니다.

물론 결심한다고 해서 원하는 것을 얻을 수 있는 건 아니지만, 못 한다고 생각하며 손을 대지 않으려 하는 것보다 아무것도 하지 않는 것이 문제입니다. 뭔가를 하기 시작하면 어딘가를 향해 갈 수 있지만, 첫발을 내딛지 않으면 아무 데도 갈 수 없습니다.

무언가를 할 결심을 하려면 먼저 과거를 버리고 떠나야 합니다. 지금까지 살면서 공부를 거의 하지 않았다고 해서 그것을 지금 문제 삼아봤자 아무런 도움도 되지 않습니다.

다음으로 앞으로 어떻게 될지는 모르지만, 할 수 있는 일을 하는 것입니다. 안타깝게도 아무리 애써도 외부 조건으로 인해 자신이 원하는 것의 실현을 막는 일은 일어납니다. 그 사실은 알아두어야 합니다. 하지만 그런 일이 일어날 수 있다는 사실을 지금 노력하지 않을 구실로 삼는 것도 이상합니다.

미래를 섭리에 맡긴다는 말이 아무것도 하지 않겠다는 뜻은 아닙니다. 여기서 저는 신약성서에 나와 있는 다음과 같은 말이 떠오릅니다.

"그러므로 내일 일을 위하여 염려하지 말라 내일 일은 내일이 염려할 것이요 한 날의 괴로움은 그날로 족하니라."(〈마태복음〉 6장 34절)

과거를 버리고 미래도 어떻게 될지 모르지만, 지금 할 수 있는 일을 하는 수밖에 없습니다. 이때 '지금의 방향을 경건과 정의로 잡는다'라는 조건이 있다고 아우렐리우스는 지적합니다. 바라던 일이라도 실현되지 않기도 합니다. 지금 아무 일이나 하면 되는 것이 아니라 경건과 정의로 연결되는 행위를 해야 하는 것입니다.

> 인생은 짧다. 신중한 생각과 올바른 행동을 하고,
> 지금을 낭비하지 말라 (4·26)

내 것이라고 할 수 있는 것은 지금 이 순간 외에는 없고, 그런 의미에서 사람은 오직 지금만을 살고 있습니다. 그렇다고 아우렐리우스가 내일을 모르는 목숨이니 오늘 이 순간을 즐기라고 말하지는 않습니다. 장래에 기대지 않고 지금을 살려면 무엇을 해야만 하는지를 정의롭게 숙고해야 합니다.

> 편안하면서도 맑은 정신으로 있으라 (4·26)

지금을 산다고 해서 숨이 막힐 것처럼 살라는 뜻은 아닐 겁니다. 맑은 정신이란 술을 마시지 않은 맨 정신을 말하는데, 인생을 살다 보면 앞뒤를 생각하지 않고 망아(忘我)로 사는 것이 아니라 설사 고난 속에 있더라도 심각해지지 않고 편안하지만 그래도 진지해야 할 때가 있지요.

13장

《명상록》을 넘어서

지금까지 다양한 주제와 연관 지어 《명상록》을 읽어왔지만, 아우렐리우스의 모든 말에 동의하는 것은 아닙니다. 아우렐리우스가 말하는 것에 대한 저의 생각을 이야기해보려고 합니다.

권한 내에 있는 것의 확인

아우렐리우스는 자신의 힘이 미치는 것과 미치지 못하는 것을 구분하고, 자기 힘이 어디까지 미칠 수 있을지 명확히 하는 한편, 자기 힘이 미치지 않는 것에 대해서는 바꾸려 생각하지 말고, 다른 한편으로 힘이 미치는 일에 대해서는 자기가 할 수 있는 일을 해나갈 것을 권합니다.

 스토아 철학에서는 앞에서 말한 것처럼 힘이 미치고 미치지 못하는 것을 '권한 내에 있다' 혹은 '권한 내에 없다'라고 말합니다. 자기 권한 내에 없는, 즉 힘이 미치지 못하고 통제할 수 없는 일까지 어떻게든 해보려 하는 것은 문제이지만, 통제할 수 있음에도 불구하고 포기해 버린다면 더 문제입니다. 아우렐리우스는 권한 내에 있는지 없는지를 판단하지 않고, 어떤 일에 대해서든 참고 체념하며 포기하는 것을 좋게 보지 않습니다.

이 세계에는 내 권한 내에 없는 것 즉, 내 마음대로 통제할 수 없는 것이 참 많습니다. 언제 어디서 태어날지는 내가 결정할 수 없지요. 인간은 우연히 세계 속에 던져지고, 또 언젠가 우연히 이 세계에서 멀어집니다.

태어나서 죽을 때까지 꿈처럼 살 수 있는 것은 아닙니다. 혼자 살 수 있는 사람은 없기에 반드시 어떤 식으로든 다른 사람과 관계를 맺게 되는데, 관계를 맺다 보면 때로는 귀찮은 일도 생기고, 마찰도 생기고, 상처를 받을 수 있습니다. 그래서 고민의 원천이라고도 할 수 있는 인간관계에서 벗어나고 싶은 이도 있겠지요.

하지만 사는 기쁨과 행복도 사람과의 연결 속에만 존재합니다. 아우렐리우스는 사람과 연결되어 사는 것을 인간 본래의 존재 방식이라고 생각합니다. 인간관계뿐만이 아닙니다. 누구나 병이나 노화, 사고, 재해를 피할 수 없습니다. 그 때문에 이런 외부로부터 닥치는 어려움이 인생의 앞길을 가로막고 사람을 불행하게 만드는 것처럼 보이기도 합니다. 밖에 있는 것은 사람을 불행하게 하지 않는다고 했지만, 고난을 많이 겪으며 살다 보면 고통도 있고 낙도 있다기보다는 사는 것이 마냥 고달프다고 느낄 수도 있습니다.

그래서 이 고달픈 삶에 눈을 감고, 아무 생각 없이 그때그때 무언가에 열중하는 것으로 넘기려 하는 습관이 있는 사람은 실제로는 자기 권한 내에 있는 일인데도 처음부터 아무렇지 않게 포기하지는 않았는지, 해결하기 어려운 문제라며 손 놓고 해결하려는 노력 자체를 하지 않은 것은 아닌지 멈추어 생각해봐야 합니다.

실존적 이분성과 역사적 이분성

사회심리학자 에리히 프롬은 인간이 피할 수 없는 어려움을 '실존적 이분성'과 '역사적 이분성'으로 구별합니다.

전자는 인간으로 사는 한 반드시 직면하게 되는 어려움입니다. 인간은 삶과 양립할 수 없는 죽음을 받아들일 수밖에 없습니다. 이분성(dichotomy)이란 인간이 삶과 죽음이라는 모순 속에서 살고 있다는 것인데, 이는 인간이라는 존재에서 유래하는 어려움이기에 '실존적 이분성'이라 할 수 있습니다.

에리히 프롬은 이 실존적인 이분성(모순, 곤란)과는 다른, 개인의 생활이나 사회생활에서도 문제가 나타난다고 지적합니다. 이는 인간이 만들어 낸 것이기에 그것이 일어났을 때, 혹은 나중에 해결할 수 있는 어려움입니다.

과학기술에 의해 지금까지는 불가능했던 일을 할 수 있게 되었고, 인간의 생활 방식도 크게 달라졌습니다. 예전에는 불치라고 일컬어지던 대부분의 병을 이제는 고칠 수 있게 되었습니다. 과학기술의 혜택을 받은 사람은 이제 다시 과거로 돌아갈 수 없습니다.

그러나 이 기술은 인간의 평화와 행복을 위해서만 사용되는 것이 아닙니다. 현대인은 물질적인 만족을 위해 기술적 수단을 풍부하게 가지고 있으면서 그것들을 오로지 평화와 인간의 행복을 위해서만 사용할 수는 없다는 모순 속에 살아갑니다. 핵무기는 인류를 한순간에 멸망시킬 수 있습니다. 원전 사고가 한 번 일어나면 주변 지역에서 살 수 없게 되고, 방사성 물질에 의한 오염은 다음 세대까지 이어집니다. 에리히 프롬은 이러한 현대의 모순을 앞서 본 '실존적 이분성'과 대비시켜 '역사적 이분성'이라고 부릅니다.

이는 인간에게 불가피한 실존적 이분성과는 달리 필연적 모순이 아니므로 시간이 걸리더라도 해결할 수 있습니다. 이러한 어려움을 해결하려고 노력해왔기 때문에 인류는 진화했다고도 할 수 있습니다. 따라서 이 문제는 해결할 수 있고 해결해야만 하는데, 어려움을 앞에 두고 아무것도 하지 않는 것은 용기와 지식이 부족하기 때문이라고 에리히 프롬은 말합니다.

어려움을 앞에 두고 아무것도 하지 않는 사람은 실존적 이분성과 역사적 이분성을 구태여 혼동하고, 해결할 수 있는데 해결할 수 없다는 사실을 증명하려 합니다. 그런 사람은 '있어서는 안 되는 일은 있을 수 없다'라고 생각합니다. 아무리 부조리해 보이는 사건이 일어나도 일어난 이상, 그것은 있어서는 안 되는 일이 아니라고 생각하는 것이지요. 일어난 일을 비극적인 운명으로 받아들이려고 합니다. 이렇게 생각하면 문제를 해결하기 위한 노력을 하지 않게 되고, 전쟁이나 원전 사고에 의한 손해의 책임을 누구도 지지 않으려 하게 되겠지요.

할 수 있는 일은 있다

이야기를 아우렐리우스로 되돌리자면 할 수 있는 것과 할 수 없는 것에 대한 판별을 분명히 할 필요가 있습니다. 불로장수나 불사 같은 것은 인간의 힘이 미치지 못하는 영역이지만, 개인의 문제에 관해 노력도 하지 않고 처음부터 못 한다고 정하고 들어가는 경우가 있습니다.

예를 들어 나이가 들면서 뭔가 새로운 것을 배우려는 생각은 하지만, 할 수 없는 이유를 금세 찾아내고는 하지요. 젊었을 때처럼 기억력이 좋지 않다는 식으로 말입니다. 학생 때만큼 열심히 공부한다면 대부분은 익힐 수 있을 텐데, 열심히 공부해서 결과를 내지 못할까 봐 두려워하는 마음 때문일 겁니다.

물론 노력한다고 해서 반드시 원하는 결과를 얻을 수 있는 것은 아니지만, 결과가 두렵더라도 무엇인가 해야 합니다. 노력해 보고, 결과를 받아들이면 다음 단계로 나아갈 수 있습니다.

사회적인 일 가운데에도 할 수 있는 것과 할 수 없는 것이 있습니다. 지진이나 쓰나미로 가족을 한순간에 잃는 일은 우리에게 참을 수 없는 고통을 주지만, 재해를 막을 수는 없습니다. 현재로서는 지진 발생을 정확하게 예지하기는 어려우니 말입니다.

하지만 원전 사고처럼 사람이 만들지 않으면 일어나지 않았을 인위적인 재난, 인재로 삶의 터전을 잃는 것 같은 일은 순순히 따르고 받아들여야 하는 종류의 일이 아닙니다. 이쪽은 에리히 프롬의 말을 이용하자면 '역사적 이분성'입니다. 그런 것에 대해서 '있어서는 안 되는 일은 있을 수 없다'라며 일어난 일이 모두 운명인 것처럼 받아들이고는 손을 놓고 아무것도 하지 않으면 안 된다는 말입니다.

아우렐리우스가 무슨 일이 있어도 순순히 따르고 받아들여야 한다고 말하지는 않았지만 《명상록》을 읽으면 그렇게 받아들여질지도 모릅니다. 아우렐리우스는 분노라는 감정에는 대체로 부정적인데, 살다 보면 화를 내야 하는 상황도 있습니다. 사적이고 충동적이며 감정적인 분노는 무익하지만, 사회 정의에 비추어 잘못된 일은 잘못되었다고 주장해야 합니다. 그때 사람이 품는 감정은 이성적인 '공분'이라고 불리는 것입니다. 전쟁은 사람이 자연에 따라 사는 것을 불가능하게 합니다. 그것을 허락하지 않는 사람이나 권력에 대해서는 의연하게 목소리를 높여 나가야 합니다.

이와 관련해서 말하자면 화내지 말아야 한다거나 고난을 견디라거나 하는 말을 위정자가 한다면 문제입니다. 아우렐리우스는 어떤 역경이 있어도 자신을 잃지 않는 불퇴전의 강함을 설파하지만, 어디까지나 자신이 그런 강인함을 가지려고 노력한다는 것이지 다른 사람에게 그것을 강요할 수는 없습니다.

자신을 잊어서는 안 된다

자신을 잃지 않는 것에 대해 말하자면 삶에 수반되는 괴로움이나 죽음의 두려움(앞에서 본 에리히 프롬의 말로는 '실존적 이분성')에서 벗어나기 위해 아무 생각 없이 그때그때를 지나칠 때가 있습니다.

아우렐리우스는 다음과 같이 말합니다.

> 오직 한 가지, 신을 잊지 말고 공동체를 위한 실천에서 실천으로 옮겨가는 것을 기뻐하며 편안해하라 (6·7)

정치뿐 아니라 일도, 더 나아가서는 어떤 식으로든 남에게 작용하는 것은 모두 본디로는 '공동체를 위한 실천'이며 다른 사람에게 공헌하기 위한 행위입니다.

'공동체를 위한 실천에서 실천으로 옮겨간다'라는 말은 실천에 시종일관 몰두한다는 뜻입니다. 아우렐리우스는 각자의 의무를 다해야 한다고 말해왔지만, 아우렐리우스도 때로는 죽음을 두려워하고, 모든 것이 덧없는 이 인생의 의미를 탐구하는 데 지쳐서 황제로서의 일을 하는 것으로 도망치려 했던 적이 있을지도 모릅니다. 공동체를 위한 실천은 반드시 협의의 일은 아닐지 모르지만, 황제는 노트를 향해 무심코 일이 휴식이라고 자기 속마음을 적었을지도 모릅니다.

우리는 철학의 궁극적인 문제(그렇다고 저는 생각합니다만), 즉 인간은 죽어야 할 존재임에도 불구하고 왜 살아야 하는지, 인생의 의미는 무엇인지를 생각하지 않으면 안 됩니다. 그러려면 아우렐리우스가 말하는 것처럼 자기 내면을 들여다보아야 합니다.

그렇다고 내면을 들여다보고, 자기 밖에서 일어나는 일에는 무관심한 채 마음의 평정을 얻으면 되는 것도 아닙니다. 고등학생 때 윤리 사회를 가르쳐주신 선생님이 첫 수업에서 하셨던 말이 지금도 기억납니다. 내면만 들여다보다가 어느새 쇠사슬에 묶여 자유를 잃어버려서는 안 된다고 말이지요.

내면을 들여다본다는 것은 일상생활에 쫓기느라 자신이 어떤 상황에 처해 있는지 보이지 않을 때 먼저 그 상황을 파악하고 나서 무엇을 해야 할지, 무엇을 할 수 있을지 생각하기 위해 멈춰 서는 것을 말합니다. 앞에서도 살펴보았듯이 현상을 추인하는 것만으로는 부족합니다. 실천의 철학은 동시에 관조의 철학이어야만 합니다.

참고문헌

Adler, Alfred. Mark Stone and Karen Drescher, eds. "Adler Speaks: The Lectures of Alfred Adler", iUnivere, Inc., 2004.

Burnet, J. ed. "Platonis Opera", 5vols., Oxford University Press, 1899~1906.

Dalfen, J. ed. "Marci Aurelii Antonini Ad se ipsum libri XII", BSB B. G. Teubner Verlagsgesellschaft, 1979.

Farquharson, "A. S. L. The Meditation of the Emperor Marcus Antonius 2 vols", ed. with translation and commentary, Oxford University Press, 1944.

Fromm, Erich. "Man for Himself", Open Road Media, 2013.

Gill, Christopher. "Marcus Aurelius Meditations", Books 1~6 with translation and commentary, Oxford University Press, 2013.

Hadot, Pierre. "The Inner Citadel: The Meditation of Marcus Aurelius", Translated by Michael Chase, Harvard University Press, 1998.

Haines, C. R. ed. "Marcus Aurelius", Harvard University Press, 1916.

Hude, C. ed. "Herodoti Historiae", Oxford Univierity Press, 1908.

ISIKAWA TAKUBOKU, "ROMAZINIKKV" 桑原武夫編訳,岩波書店, 1977.

Long, H. S. ed. "Diogenes Laertii Vitae Philosophorum", Oxford University Press, 1964.

Manaster, Guy et al. eds. "Alfred Adler: As We Remember Him, North American Society of Adlerian Psychology", 1977.

Nietzsche, Friedrich. "Ecce Homo", Hofenberg, 2016.

Nietze, Friedrich. "Also sprach Zarathustra", Insel Verlag, 1976.

Pohlenz, M. ed. Cicero, "Tusculanae Disputatione", De Gruyter, 1998.

김연수, 〈달로 간 코미디언〉, 《세계의 끝 여자친구》, 문학동네, 2009.

김연수, 《청춘의 문장들+》, 마음산책, 2014.

アエリウス・スパルティアス他, 《ローマ皇帝群像１》, 南川高志訳, 京都大学学術出版会, 2004.

荻野弘之, 《マルクス・アウレリウス〈自省録〉》, 岩波書, 2009.

神谷美恵子, 《遍歴》, みすず書房, 2005.

岸見一郎, 《三木清"人生論ノート"を読む》, 白澤社, 2016.

岸見一郎, 《希望について 続・三木清"人生論ノート"を読む》, 白澤社, 2017.

岸見一郎, 《幸福の哲学》, 講談社, 2017.

岸見一郎, 《プラトン ソクラテスの弁明》, KADOKAWA, 2018.

岸見一郎, 《マルクス・アウレリウス自省録》, NHK出版, 2019.

岸見一郎, 《人生は苦である、でも死んではいけない》, 講談社, 2020.

岸見一郎, 《三木清 人生論ノート:孤独は知性である》, NHK出版, 2021.

岸見一郎, 《不安の哲学》, 祥伝社, 2021.

岸見一郎, 《孤独の哲学》, 中央公論新社, 2022.

岸見一郎,《ゆっくり学ぶ》,集英社, 2022.
北森嘉蔵,《聖書の読み方》,講談社, 2014.
九鬼周造,〈偶然と運命〉(《九鬼周造随筆集》,岩波書店, 1991年所収.)
國方栄二,《ギリシア・ローマ ストア派の哲人たち》,中央公論新社, 2019.
サン=テグジュペリ,《人間の土地》,堀口大学訳, 新潮社, 1955.
重松清,《その日のまえに》,文藝春秋, 2008.
田中美知太郎,〈マルクス・アウレリウス〉(《田中美知太郎全集第七巻》,筑摩書房, 1969.)
水地宗明,《注解 マルクス・アウレリウス"自省録"》,法律文化社, 1990.
マルクス・アウレリウス,《自省録》,神谷美恵子訳, 岩波書店, 1956.
マルクス・アウレリウス,《自省録》,水地宗明訳, 京都大学学術出版会, 1998.
マルクス・アウレリウス,《マルクス・アウレリウス"自省録"》,鈴木照雄訳, 講談社, 2006.
三木清,《人生論ノート》,新潮社, 1978.
森有正,《バビロンの流れのほとりにて》(《森有正全集1》,筑摩書房, 1978所収.)
福永武彦,《夢のように》,新潮社, 2002.
安岡章太郎,《死との対面》,光文社, 1998.
山本有三,《波》,新潮社, 1954.
和辻哲郎,《妻 和辻照への手紙(上)》,講談社, 1977.
和辻哲郎,《妻 和辻照への手紙(下)》,講談社, 1977.
和辻哲郎,《イタリア古寺巡礼》,岩波書店, 1978.
和辻照,《夫 和辻哲郎への手紙》,講談社, 1977.

옮긴이 김지윤

가톨릭대학교 철학과 및 일본어과 졸업. 세이신여자대학교에서 교환유학 후 와세다대학교 대학원 일본어교육학과에서 공부했다. 글밥아카데미를 수료하고 현재 바른번역 소속 번역가로 활동 중이다. 옮긴 책으로《죽은 철학자의 살아있는 인생수업》,《나는 괜찮은데 그들은 내가 아프다고 한다》,《애착은 어떻게 아이의 인생을 바꾸는가》,《나를 지키는 중입니다》,《카를 융, 인간의 이해》,《민감한 나로 사는 법》,《물 흐르듯 대화하는 기술》,《그렇다면, 칸트를 추천합니다》,《어느 날 내가 중독에 빠진다면》,《이방인: 세계의 차별을 여행하다》,《여자아이는 정말 핑크를 좋아할까》 등이 있다.

죽을 때까지 나를 다스린다는 것

초판 1쇄 발행 2024년 9월 25일
초판 5쇄 발행 2025년 9월 19일

지은이 기시미 이치로
옮긴이 김지윤
펴낸이 최순영

출판1 본부장 한수미
와이즈 팀장 장보라
편집 김혜영
디자인 함지현

펴낸곳 ㈜위즈덤하우스　**출판등록** 2000년 5월 23일 제13-1071호
주소 서울특별시 마포구 양화로 19 합정오피스빌딩 17층
전화 02) 2179-5600　**홈페이지** www.wisdomhouse.co.kr

ISBN 979-11-7171-276-2 03100

- 이 책의 전부 또는 일부 내용을 재사용하려면 반드시 사전에 저작권자와 ㈜위즈덤하우스의 동의를 받아야 합니다.
- 인쇄·제작 및 유통상의 파본 도서는 구입하신 서점에서 바꿔드립니다.
- 책값은 뒤표지에 있습니다.